Tutorial de Cálculo II

ANIBAL J. ECHEVARRIA-RUIZ

ISBN: 9781071105771

CONTENIDO

1. INTEGRACIÓN POR PARTES

Se utiliza el método de integración por partes cuando la integral contiene dos de las siguientes funciones: Logarítmica, Inversa, Algebráica, Trigonométrica o Exponencial (L.I.A.T.E). La fórmula para resolver el problema sería:

$$\int u dv = uv - \int v du$$

Donde los términos u y dv se determinará basado en el orden de L.I.A.T.E.

Ejemplo 1-1: **Integración por Partes**

Resolver la siguiente integral indefinida.

$$\int x \cos(x) dx$$

La integral contiene una función algebraica, x, y una trigonométrica, $\cos(x)$. De acuerdo con L.I.**A.T.**E., se escoge la algebraica como la u y la trigonométrica como la dv .

$$u = x; du = dx; dv = \cos(x)\, dx; v = \sin(x)$$

Realizando la integración por partes,

$$\rightarrow \int u dv = uv - \int v du$$

$$\rightarrow \int \underbrace{x}_{u} \underbrace{\cos(x)\, dx}_{dv} = \underbrace{x}_{u} \underbrace{\sin(x)}_{v} - \int \underbrace{\sin(x)}_{v} \underbrace{dx}_{du}$$

$$x \sin(x) + \cos(x) + c$$

Ejemplo 1-2: **Integración por Partes**

Resolver la siguiente integral indefinida.

$$\int y^2 \tan^{-1}(y) dy$$

El problema contiene una función algebraica y una inversa. De acuerdo con L.I.A.T.E., se escoge la inversa como la u y la algebraica como la dv.

$$u = \tan^{-1} y;\ du = \frac{1}{y^2+1}dy;\ dv = y^2 dy;\ v = \frac{1}{3}y^3;$$

Sustituyendo las variables en la fórmula,

$$\left(\underbrace{\frac{1}{3}y^3}_{v}\right)\left(\underbrace{\tan^{-1} y}_{u}\right) - \int \left(\underbrace{\frac{1}{3}y^3}_{v}\right)\left(\underbrace{\frac{1}{y^2+1}dy}_{du}\right)$$

En este paso la integral se puede resolver de dos maneras: (1) realizando una división larga ya que el exponente del numerador es mayor que el exponente líder del denominador o (2) realizando una sustitución de variables. Se resolverá utilizando una sustitución de variable.

Donde,

$$y^2 + 1 = t$$

Derivando la ecuación,

$$2ydy = dt \to dy = \frac{dt}{2y}$$

Realizando la sustitución y resolviendo la integral,

$$\to \frac{1}{3}y^3(\tan^{-1} y) - \boldsymbol{\frac{1}{6}\int \frac{t-1}{t}dt}$$

$$\to \frac{1}{3}y^3(\tan^{-1} y) - \frac{1}{6}t + \frac{1}{6}\ln(t) + c$$

Ahora se deja el resultado expresado con la variable y.

$$\frac{1}{3}y^3(\tan^{-1} y) - \frac{1}{6}(y^2+1) + \frac{1}{6}\ln(y^2+1) + c$$

Ejemplo 1-3: <u>Integración por Partes</u>

Resolver la siguiente integral indefinida.

$$\int \sin(\sqrt{x})dx$$

Para poder resolver el problema, se debe eliminar el radical por una sustitución de variable.

$$y = \sqrt{x};$$

Derivando la ecuación y despejando para dx

$$2\sqrt{x}\,dy = dx$$

Sustituyendo las variables en la integral,

$$\int 2y\sin(y)dy$$

Ahora se obtiene una función algebraica y una trigonométrica. Por lo tanto,

$$u = y;\;\; du = dy;\;\; dv = \sin(y)\,dy;\;\; v = -\cos(y)\,;$$

Resolviendo la integral,

$$\rightarrow 2\left[-y\cos(y) - \int -\cos(y)\,dy\right]$$

$$2[-y\cos(y) + \sin(y)] + c$$

Ahora se deja el resultado expresado con la variable x,

$$2\sin(\sqrt{x}) - 2\sqrt{x}\cos(\sqrt{x}) + c$$

Ejemplo 1-4: Integración por Partes

Resolver la siguiente integral.

$$\int e^{4z}\cos(2z)\,dz$$

El problema contiene una exponencial y una trigonométrica. De acuerdo con L.I.A.**T.E.**,

$$\rightarrow u = \cos(2z)\,;du = -2\sin(2z); dv = e^{4z}dz; v = \frac{1}{4}e^{4z}$$

$$\rightarrow \frac{1}{4}e^{4z}\cos(2z) - \int\left(\frac{1}{4}e^{4z}\right)[-2\sin(2z)]dz$$

$$\frac{1}{4}e^{4z}\cos(2z) + \frac{1}{2}\left[\underbrace{\int e^{4z}\sin(2z)\,dz}_{Integración\ por\ Partes}\right]$$

Se realiza la integración por partes nuevamente ya que la integral contiene una función exponencial junto a una trigonométrica.

$$\rightarrow u' = \sin(2z)\,;du' = 2\cos(2z); dv' = e^{4z}dz; v' = \frac{1}{4}e^{4z}$$

$$\rightarrow \frac{1}{4}e^{4z}\cos(2z) + \frac{1}{2}\left[\mathbf{\frac{1}{4}e^{4z}\sin(2z) - \frac{1}{2}\int e^{4z}\cos(2z)\,dz}\right]$$

$$\frac{1}{4}e^{4z}\cos(2z) + \frac{1}{8}e^{4z}\sin(2z) - \frac{1}{4}\int e^{4z}\cos(2z)\,dz$$

Se observa que la integral es igual al problema original. Para este caso, se realiza la operación matemática para resolver el problema.

$$\rightarrow \underbrace{\int \mathbf{e^{4z}\cos(2z)\,dz}}_{Problema\ original} = \frac{1}{4}e^{4z}\cos(2z) + \frac{1}{8}e^{4z}\sin(2z) - \frac{1}{4}\underbrace{\int \mathbf{e^{4z}\cos(2z)\,dz}}_{\substack{Igual\ al\\ problema\ original}}$$

$$\rightarrow \int \boldsymbol{e^{4z}\cos(2z)\,dz} + \frac{\mathbf{1}}{\mathbf{4}}\int \boldsymbol{e^{4z}\cos(2z)\,dz} = \frac{1}{4}e^{4z}\cos(2z) + \frac{1}{8}e^{4z}\sin(2z)$$

$$\rightarrow \frac{\mathbf{5}}{\mathbf{4}}\int \boldsymbol{e^{4z}\cos(2z)\,dz} = \frac{1}{4}e^{4z}\cos(2z) + \frac{1}{8}e^{4z}\sin(2z)$$

La respuesta final sería,

$$\int e^{4z}\cos(2z)\,dz = \frac{1}{5}e^{4z}\cos(2z) + \frac{1}{10}e^{4z}\sin(2z) + C$$

Ejemplo 1-5: <u>Integración por Partes</u>

Resolver la siguiente integral.

$$\int \sin(3x)\cos(4x)\,dx$$

Debido que la integral contine dos funciones trigonométricas, el orden de selección de variables no importa.

$$\rightarrow u = \sin(3x)\,;\; du = 3\cos(3x)\,dx;\; dv = \cos(4x)\,dx;\; v = \frac{1}{4}\sin(4x)$$

$$\rightarrow \frac{1}{4}\sin(4x)\sin(3x) - \frac{3}{4}\underbrace{\int \sin(4x)\cos\,(3x)dx}_{\substack{Integración\\ por\\ partes}}$$

$$\rightarrow u_0 = \cos(3x)\,;\; du_0 = -3\sin(3x)\,dx;\; dv_0 = \sin(4x)\,dx;\; v_0 = -\frac{1}{4}\cos\,(4x)$$

$$\rightarrow \frac{1}{4}\sin(4x)\sin(3x) - \frac{3}{4}\left[-\frac{\mathbf{1}}{\mathbf{4}}\boldsymbol{\cos(3x)\cos(4x)} - \frac{\mathbf{3}}{\mathbf{4}}\int \boldsymbol{\sin(3x)\cos(4x)\,dx}\right]$$

$$\frac{1}{4}\sin(4x)\sin(3x) + \frac{3}{16}\cos(3x)\cos(4x) + \frac{9}{16}\int \sin(3x)\cos(4x)\,dx$$

Se observa que la integral es igual al problema original.

$$\underbrace{\int \boldsymbol{\sin(3x)\cos(4x)\,dx}}_{Problema\ original} = \frac{1}{4}\sin(4x)\sin(3x) + \frac{3}{16}\cos(3x)\cos(4x) + \frac{9}{16}\underbrace{\int \boldsymbol{\sin(3x)\cos(4x)\,dx}}_{\substack{Igual\ al\\ problema\ original}}$$

Realizando la operación matemática para resolver el problema,

$$\int \boldsymbol{\sin(3x)\cos(4x)\,dx} - \boldsymbol{\frac{9}{16}}\int \boldsymbol{\sin(3x)\cos(4x)\,dx} = \frac{1}{4}\sin(4x)\sin(3x) + \frac{3}{16}\cos(3x)\cos(4x)$$

Por lo tanto,

$$\int \sin(3x)\cos(4x)\,dx = \frac{4}{7}\sin(3x)\sin(4x) + \frac{3}{7}\cos(3x)\cos(4x) + c$$

Ejercicios

1. $\int x^2 \sin(x)\,dx$

2. $\int z\, e^{-z} dz$

3. $\int y^3 e^y dy$

4. $\int e^{3h}\cos(5h)\,dh$

5. $\int \sqrt{x}\cos(\sqrt{x})\,dx$

6. $\int_0^{2\pi} \sin(6x)\cos(2x)dx$

7. $\int \frac{1}{4}\ln(x^2)\,dx$

8. $\int \frac{\cos(2x)}{\csc(x)}dx$

9. $\int 3\sqrt{x}e^{\sqrt{x}}\,dx$

10. $\int s^2\cot^{-1}(s)ds$

Resultados

1. $-x^2\cos(x) + 2x\sin(x) + 2\cos(x) + c$

2. $-e^{-z}(z+1) + c$

3. $e^y(y^3 - 3y^2 + 6y - 6) + c$

4. $\frac{1}{34}e^{3h}[5\sin(5h) + 3\cos(5h)] + c$

5. $2(x-2)\sin(\sqrt{x}) + (4\sqrt{x})\cos(\sqrt{x}) + c$

6. 0

7. $\frac{1}{4}x[\ln(x^2) - 2] + c$

8. $\frac{1}{3}[2\sin(2x)\sin(x) + \cos(2x)\cos(x)] + c$

9. $6e^{\sqrt{x}}(x - 2\sqrt{x} + 2) + c$

10. $\frac{1}{6}[2s^3\cot^{-1}(s) + s^2 - \ln(s^2+1)] + c$

2. INTEGRACIÓN TRIGONOMÉTRICA

Las siguientes identidades trigonométricas son fundamentales para resolver los problemas por el método de integración trigonométrica.

1. $\sin^2(x) + \cos^2(x) = 1$

2. $\sin^2(x) = \frac{1}{2}[1 - \cos(2x)]$

3. $\cos^2(x) = \frac{1}{2}[1 + \cos(2x)]$

4. $\sin(x)\cos(x) = \frac{1}{2}\sin(2x)$

5. $\tan^2(x) + 1 = \sec^2(x)$

Ejemplo 2-1: Integración Trigonométrica

Resolver $\int \sin^5(x)dx$.

Se empieza observando el exponente de la función. Si la función trigonométrica es seno o coseno y esta elevada a un número impar, entonces se utiliza la primera identidad trigonométrica.

$$\int \sin^5(x) = \int [\mathbf{sin^2(x)}]^2 \sin(x)\, dx$$

Estableciendo la primera identidad,

$$\int [\mathbf{1 - cos^2(x)}]^2 \sin(x)\, dx$$

Realizando la sustitución de variable e integrando el problema,

$$\rightarrow u = \cos(x)\,; du = -\sin(x)\, dx$$

$$\rightarrow -\int (1 - u^2)^2\, du$$

$$\rightarrow -\int (1 - 2u^2 + u^4) du$$

$$-\left(u-\frac{2}{3}u^3+\frac{1}{5}u^5\right)+c$$

Sustituyendo $\cos(x)$ en la variable u y distribuyendo el negativo,

$$\frac{2}{3}\cos^3(x)-\frac{1}{5}\cos^5(x)-\cos(x)+c$$

Ejemplo 2-2: Integración Trigonométrica

Resolver $\int \cos^3(x)\sin^4(x)dx$.

Se empieza buscando la función que este elevada a un número impar y a esa función se le aplicará la primera identidad.

$$\rightarrow \int \boldsymbol{\cos^2(x)}\cos(x)\sin^4(x)dx$$

$$\int [\boldsymbol{1-\sin^2(x)}]\sin^4(x)\cos(x)\,dx$$

Realizando la sustitución de variable e integrando,

$$\rightarrow u=\sin(x)\,;\;\; du=\cos(x)\,dx.$$

$$\rightarrow \int (1-u^2)(u^4)du$$

$$\rightarrow \int u^4-u^6\,du$$

$$\frac{1}{5}u^5-\frac{1}{7}u^7+c$$

Dejando el resultado expresado en término trigonométricos,

$$\frac{1}{5}\sin^5(x)-\frac{1}{7}\sin^7(x)+c$$

Ejemplo 2-3: **Integración Trigonométrica**

Resolver $\int \sin^7(x)\cos^3(x)dx$.

Si ambas funciones están elevadas a un número impar, entonces se utiliza la función de mayor potencia como la u y se aplica la identidad trigonométrica a la función de menor potencia.

$$\rightarrow \int \boldsymbol{\cos^2(x)}\cos(x)\sin^7(x)dx$$

$$\rightarrow \int [\boldsymbol{1-\sin^2(x)}]\sin^7(x)\cos(x)\,dx$$

$$\rightarrow u = \sin(x)\,;\, du = \cos(x)\,dx.$$

$$\rightarrow \int (1-u^2)u^7du$$

$$\frac{1}{8}\sin^8(x) - \frac{1}{10}\sin^{10}(x) + c$$

Ejemplo 2-4: **Integración Trigonométrica**

Resolver $\int \cos^4(x)dx$.

Se utiliza la tercera identidad trigonométrica debido a que la función $\cos(x)$ esta elevada a un número par.

$$\rightarrow \int \boldsymbol{\cos^2(x)}\,\boldsymbol{\cos^2(x)}\,dx$$

$$\int \left\{\boldsymbol{\frac{1}{2}[1+\cos(2x)]}\right\}\left\{\boldsymbol{\frac{1}{2}[1+\cos(2x)]}\right\}dx$$

Utilizando la propiedad distributiva,

$$\int \frac{1}{4}[1+2\cos(2x)+\boldsymbol{\cos^2(2x)}]dx$$

Se utiliza la tercera identidad nuevamente ya que la función $\cos(x)$ esta elevada al cuadrado. También se observa que el ángulo se duplica, $\cos^2(\boldsymbol{2x})$. Lo que implica que se duplica el ángulo al $\cos(\boldsymbol{2x})$ resultando en $\cos(\boldsymbol{4x})$.

$$\rightarrow \frac{1}{4}\int \left\{1 + 2\cos(2x) + \frac{\mathbf{1}}{\mathbf{2}}[\mathbf{1} + \mathbf{cos(4}\boldsymbol{x}\mathbf{)}]\right\} dx$$

$$\rightarrow \int \frac{1}{4} + \frac{1}{2}\cos(2x) + \frac{1}{8} + \frac{1}{8}\cos(4x)\, dx$$

$$\frac{3}{8}x + \frac{1}{4}\sin(2x) + \frac{1}{32}\sin(4x) + c$$

Nota: El mismo procedimiento se aplica cuando el problema tiene sólo la función seno elevada a un número par. Para ese caso, se utiliza la segunda identidad trigonométrica.

Ejemplo 2-5: <u>Integración Trigonométrica</u>

Resolver $\int \sin^2(x)\cos^2(x)dx$.

Se utiliza la cuarta identidad trigonométrica cuando la función seno y coseno están elevadas a un número par. Ambas funciones tienen que estar elevadas a la misma potencia.

$$\rightarrow \int [\mathbf{sin}(\boldsymbol{x})\mathbf{cos}(\boldsymbol{x})]^2 dx$$

$$\rightarrow \int \left[\frac{\mathbf{1}}{\mathbf{2}}\mathbf{sin(2}\boldsymbol{x}\mathbf{)}\right]^2 dx$$

$$\frac{1}{4}\int \mathbf{sin^2(2}\boldsymbol{x}\mathbf{)}dx$$

Ahora se utiliza la segunda identidad trigonométrica teniendo en cuenta el doble ángulo.

$$\frac{1}{4}\int \frac{\mathbf{1}}{\mathbf{2}}[\mathbf{1} - \mathbf{cos(4}\boldsymbol{x}\mathbf{)}]dx$$

Resolviendo el problema,

$$\frac{1}{8}\left[x - \frac{1}{4}\sin(4x)\right] + c$$

Ejemplo 2-6: Integración Trigonométrica

Resolver $\int \tan^2\left(\frac{t}{2}\right)\sec^4\left(\frac{t}{2}\right)dt$.

Se aplica la quinta identidad trigonométrica cuando secante esta elevada a un número par. Para este caso, tangente sería la u.

$$\rightarrow \int \tan^2\left(\frac{t}{2}\right)\sec^2\left(\frac{t}{2}\right)\mathbf{sec^2}\left(\frac{\boldsymbol{t}}{\mathbf{2}}\right)dt$$

$$\rightarrow \int \tan^2\left(\frac{t}{2}\right)\left[\mathbf{1}+\mathbf{tan^2}\left(\frac{\boldsymbol{t}}{\mathbf{2}}\right)\right]\sec^2\left(\frac{t}{2}\right)dt$$

$$\rightarrow u = \tan\left(\frac{t}{2}\right);\quad du = \frac{1}{2}\sec^2\left(\frac{t}{2}\right)dt \rightarrow 2du = \sec^2\left(\frac{t}{2}\right)dt$$

$$\rightarrow 2\int u^2(1+u^2)du$$

$$\rightarrow 2\int (u^2+u^4)du$$

$$\rightarrow 2\left(\frac{1}{3}u^3+\frac{1}{5}u^5\right)+c$$

$$\frac{2}{3}\tan^3\left(\frac{t}{2}\right)+\frac{2}{5}\tan^5\left(\frac{t}{2}\right)+c$$

Ejemplo 2-7: Integración Trigonométrica

Resolver $\int \tan^3(2y)\sec^5(2y)dy$.

Se utiliza la quinta identidad trigonométrica cuando las funciones tangente y secante se encuentran elevadas a un número impar. La identidad trigonométrica se despeja para la función tangente con el propósito de utilizar la secante como la u en la sustitución de variable.

$$\rightarrow \int \mathbf{tan^2(2\boldsymbol{y})}\sec^4(2y)\sec(2y)\tan(2y)\,dy$$

$$\rightarrow \int [\mathbf{sec^2(2\boldsymbol{y})-1}]\sec^4(2y)\sec(2y)\tan(2y)\,dy$$

$$\rightarrow u = \sec(2y)\,;du = 2\sec(2y)\tan(2y)\,dy \rightarrow \frac{1}{2}du = \sec(2y)\tan(2y)dy$$

$$\rightarrow \frac{1}{2}\int (u^2 - 1)u^4 du$$

$$\rightarrow \frac{1}{2}\left[\frac{1}{7}u^7 - \frac{1}{5}u^5\right] + c$$

$$\frac{1}{14}\sec^7(2y) - \frac{1}{10}\sec^5(2y) + c$$

Ejemplo 2-8: <u>Integración Trigonométrica</u>

Resolver $\int \tan^5(q)dq$.

Se aplica la quinta identidad trigonométrica dejando un término de la función al cuadrado para poder realizar el cambio de identidad.

$$\rightarrow \int \boldsymbol{\tan^2(q)}\tan^3(q)dq$$

$$\rightarrow \int [\boldsymbol{\sec^2(q) - 1}]\tan^3(q)dq$$

$$\int [\tan^3(q)\sec^2(q) - \tan^3(q)]dq$$

Se utiliza nuevamente la quinta identidad trigonométrica para la tangente que esta elevada al cubo (segundo término). No se aplica la identidad a la tangente que se encuentra en el primer término.

$$\rightarrow \int [\tan^3(q)\sec^2(q) - \boldsymbol{\tan^2(q)}\tan(q)]dq$$

$$\rightarrow \int [\tan^3(q)\sec^2(q) - [\boldsymbol{\sec^2(q) - 1}]\tan(q)]dq$$

$$\int [\tan^3(q)\sec^2(q) - \tan(q)\sec^2(q) + \tan(q)]dq$$

Realizando la sustitución de variables,

$$\rightarrow \int \tan^3(q)\sec^2(q)dq - \int \tan(q)\sec^2(q)dq + \int \tan(q)\, dq$$

$$\rightarrow u = \tan(q)\,;\, du = \sec^2(q)dq$$

$$\int u^3 du - \int u du + \int \tan(q)\, dq$$

No se puede hacer la sustitución de variables al último término, pero por definición, $\int \tan(x)\, dx = \ln\, |\sec\,(x)| + c$. Por lo tanto,

$$\rightarrow \frac{1}{4}u^4 - \frac{1}{2}u^2 + \ln\, |\sec\,(q)| + c$$

$$\frac{1}{4}\tan^4(\,q) - \frac{1}{2}\tan^2(q) + \ln\, |\sec\,(q)| + c$$

Ejercicios

1. $3\int \sin^3\left(\frac{k}{3}\right)\cos^2\left(\frac{k}{3}\right)dk$
2. $\int [\tan^5(r)\cos^5(r) + \sin^4(r)\cos^3(r)]dr$
3. $\int \sin^4(5y)\cos^4(5y)dy$
4. $\int \tan^6(h)\sec^2(h)dh$
5. $\int \tan^7(w)dw$
6. $\int \tan^3(3e)\sec(3e)\, de$
7. $\int [\cos(2s) - 3]^2 ds$
8. $\int \cot^2(j)\sin^2(j)dj$
9. $\int \frac{1}{2}\, [\tan(n)\sec^4(n)]dn$
10. $\int \sqrt{\cos(6m) + 1}\, dm$

Respuestas

1. $\frac{9}{5}\cos^5\left(\frac{k}{3}\right) - 3\cos^3\left(\frac{k}{3}\right) + c$

2. $\frac{2}{3}\cos^3(r) - \cos(r) - \frac{1}{5}\cos^5(r) + \frac{1}{5}\sin^5(r) - \frac{1}{7}\sin^7(r) + c$

3. $\frac{1}{128}\left[3y - \frac{1}{5}\sin(20y) + \frac{1}{40}\sin(40y)\right] + c$

4. $\frac{1}{7}\tan^7(h) + c$

5. $\frac{1}{6}\tan^6(w) - \frac{1}{4}\tan^4(w) + \frac{1}{2}\tan^2(w) - \ln|\sec(w)| + c$

6. $\frac{1}{9}\sec^3(3e) - \frac{1}{3}\sec(3e) + c$

7. $\frac{19}{2}s + \frac{1}{8}\sin(4s) - 3\sin(2s) + c$

8. $\frac{1}{2}j + \frac{1}{4}\sin(2j) + c$

9. $\frac{1}{8}\sec^4(n) + c$

10. $\frac{\sqrt{2}}{3}\sin(3m) + c$

3. SUSTITUCIÓN TRIGONOMÉTRICA

La sustitución trigonométrica se utiliza cuando la integral contiene un radical. Adjunto las posibles expresiones.

Expresión	Sustitución	Identidad Trigonométrica
$\sqrt{a^2 - x^2}$	$x = a\sin(\theta), -\frac{\pi}{2} \leq \theta \leq \frac{\pi}{2}$	$\cos^2(\theta) = 1 - \sin^2(\theta)$
$\sqrt{a^2 + x^2}$	$x = a\tan(\theta), -\frac{\pi}{2} < \theta < \frac{\pi}{2}$	$\sec^2(\theta) = \tan^2(\theta) + 1$
$\sqrt{x^2 - a^2}$	$x = a\sec(\theta), 0 \leq \theta < \frac{\pi}{2}$ ó $\pi \leq \theta < \frac{3\pi}{2}$	$\tan^2(\theta) = \sec^2(\theta) - 1$

Ejemplo 3-1: <u>Substitución Trigonométrica</u>

Resolver $\int \frac{\sqrt{25-x^2}}{3x^2} dx$.

La integral esta expresada en término de $\sqrt{a^2 - x^2}$. Por lo tanto,

$$\rightarrow x = 5\sin(\theta)\,;\, dx = 5\cos(\theta)\,d\theta$$

$$\rightarrow \int \left\{ \frac{\sqrt{25 - \left[\underbrace{5\sin(\theta)}_{x}\right]^2}}{3\left[\underbrace{5\sin(\theta)}_{x}\right]^2} \right\} \underbrace{[5\cos(\theta)\,d\theta]}_{dx}$$

$$\int \left\{ \frac{5\sqrt{\mathbf{1 - \sin^2(\theta)}}}{3[25\sin^2(\theta)]} \right\} [5\cos(\theta)\,d\theta]$$

Ahora se aplica la siguiente identidad trigonométrica: $\cos^2(\theta) + \sin^2(\theta) = 1$.

$$\rightarrow \frac{1}{3}\int \left[\frac{\sqrt{\mathbf{cos^2(\boldsymbol{\theta})}}}{\sin^2(\theta)}\right][\cos(\theta)\, d\theta]$$

$$\rightarrow \frac{1}{3}\int \left[\frac{\cos(\theta)}{\sin^2(\theta)}\right][\cos\,(\theta) d\theta]$$

$$\frac{1}{3}\int \mathbf{cot^2(\boldsymbol{\theta})} d\theta$$

Aplicando la identidad $\cot^2(\theta) + 1 = \csc^2(\theta)$ e integrando,

$$\rightarrow \frac{1}{3}\int [\mathbf{csc^2(\boldsymbol{\theta}) - 1}]\, d\theta$$

$$\frac{1}{3}[-\cot(\theta) - \theta] + c$$

Se debe dejar la respuesta expresada en términos de la variable con que se comenzó el problema. Se realiza un triángulo rectángulo con la información obtenida. Se utilizó como sustitución $x = 5\sin(\theta)$, entonces $\sin(\theta) = \frac{x}{5} = \frac{\text{Opuesto}}{\text{Hipotenusa}}$. Con la fórmula de Pitágora, se obtiene el lado adyacente.

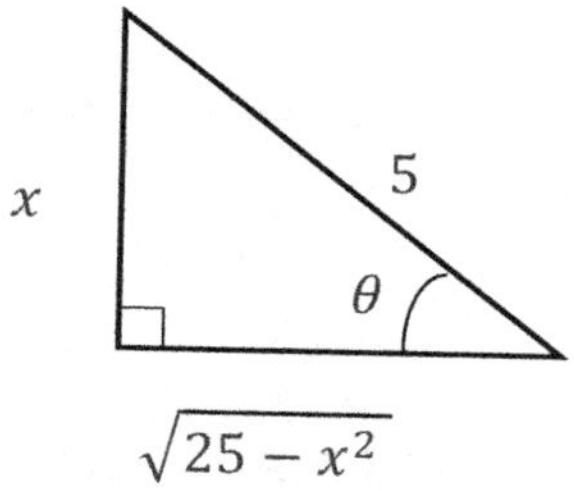

Cotangente se define como adyacente sobre opuesto. Por lo tanto, $\cot(\theta) = \frac{\sqrt{25-x^2}}{x}$. El ángulo sería $\theta = \sin^{-1}\left(\frac{x}{5}\right)$. El resultado final se obtiene sustituyendo los valores.

$$\frac{1}{3}\left[-\frac{\sqrt{25 - x^2}}{x} - \sin^{-1}\left(\frac{x}{5}\right)\right] + c$$

Ejemplo 3-2: Sustitución Trigonométrica

Resolver $\int y^3\sqrt{2-16y^2}\,dy$

Se aplica la primera expresión de la tabla anterior

.

$$4y=\sqrt{2}\sin(z)\rightarrow y=\frac{\sqrt{2}}{4}\sin(z)\,;dy=\frac{\sqrt{2}}{4}\cos(z)\,dz$$

Realizando la sustitución,

$$\rightarrow\int\left[\underbrace{\frac{\sqrt{2}}{4}\cdot\sin(z)}_{y}\right]^3\left\{\sqrt{2-16\left[\underbrace{\frac{\sqrt{2}}{4}\sin(z)}_{y}\right]^2}\right\}\left[\underbrace{\frac{\sqrt{2}}{4}\cos(z)\,dz}_{dy}\right]$$

$$\rightarrow\int\frac{1}{64}\sin^3(z)\sqrt{2\left[\underbrace{1-\sin^2(x)}_{\substack{Aplicar\ identidad\\ trigonométrica}}\right]}\cos(z)dz$$

$$\int\frac{\sqrt{2}}{64}\sin^3(z)\cos^2(z)dz$$

Ahora se resuelve el problema utilizando el método de integración trigonométrica (sección anterior).

$$\rightarrow\frac{\sqrt{2}}{64}\int\mathbf{\sin^2(x)}\cos^2(z)\sin(z)\,dz$$

$$\rightarrow\frac{\sqrt{2}}{64}\int[\mathbf{1-\cos^2(z)}]\cos^2(z)\sin(z)\,dz$$

$$\rightarrow u=\cos(z)\,;du=-\sin(z)dz$$

$$\rightarrow-\frac{\sqrt{2}}{64}\int(1-u^2)u^2du$$

$$\rightarrow -\frac{\sqrt{2}}{64}\int (u^2 - u^4)du$$

$$\rightarrow -\frac{\sqrt{2}}{64}\left(\frac{1}{3}u^3 - \frac{1}{5}u^5\right) + C$$

$$\frac{\sqrt{2}}{64}\left[\frac{1}{5}\cos^5(z) - \frac{1}{3}\cos^3(z)\right] + C$$

Se realiza un triángulo rectángulo con la información obtenida. Se utilizó como sustitución $4y = \sqrt{2}\sin(z)$, entonces $\sin(z) = \frac{4y}{\sqrt{2}} = \frac{\text{Opuesto}}{\text{Hipotenusa}}$.

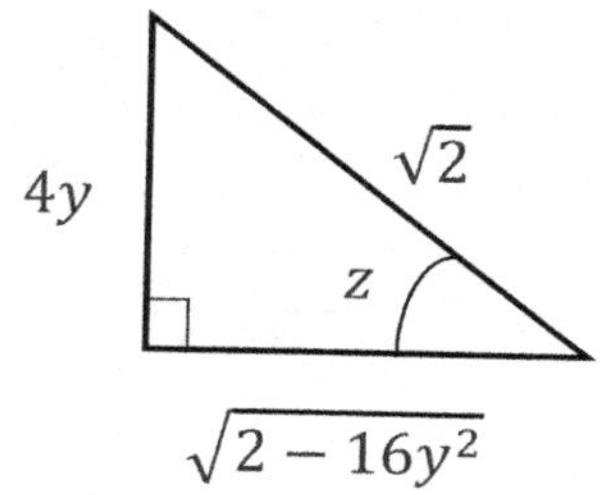

$$\cos(z) = \frac{\sqrt{2-16y^2}}{\sqrt{2}}; \quad z = \sin^{-1}\left(\frac{4y}{\sqrt{2}}\right)$$

El resultado final sería,

$$\frac{1}{128}\left[\frac{1}{10}(2-16y^2)^{\frac{5}{2}} - \frac{1}{3}(2-16y^2)^{\frac{3}{2}}\right] + C$$

Ejemplo 3-3: Sustitución Trigonométrica

Resolver $\int \frac{\sqrt{1+4x^2}}{x^4}dx$.

El problema se resuelve utilizando la segunda expresión de la tabla anterior.

$$2x = \tan(k) \rightarrow x = \frac{1}{2}\tan(k)\,; dx = \frac{1}{2}\sec^2(k)dk.$$

$$\rightarrow 8\int\left\{\frac{\sqrt{1+4\left[\frac{1}{2}\tan(k)\right]^2}}{\tan^4(k)}\right\}[\sec^2(k)dk]$$

$$\rightarrow 8\int\left[\frac{\sqrt{\underbrace{1+\tan^2(k)}_{\substack{Aplicar\ identidad\\ trigonométrica}}}}{\tan^4(k)}\right][\sec^2(k)dk]$$

$$\rightarrow 8\int\left[\frac{\sqrt{\sec^2(k)}}{\tan^4(k)}\right][\sec^2(k)dk]$$

$$\rightarrow 8\int\frac{\sec^3(k)}{\tan^4(k)}dk$$

$$\rightarrow 8\int\frac{\frac{1}{\cos^3(k)}}{\frac{\sin^4(k)}{\cos^4(k)}}dk$$

$$\rightarrow 8\int\frac{\cos(k)}{\sin^4(k)}dk$$

$$\rightarrow u=\sin(k)\,;du=\cos(k)\,dk$$

$$\rightarrow 8\int\frac{1}{u^4}du$$

$$\rightarrow -\frac{8}{3}u^{-3}+c$$

$$-\frac{8}{3}\sin^{-3}(k)+c$$

Se realiza el triángulo rectángulo con la información obtenida. Se utilizó como sustitución $\tan(k)=2x=\frac{Opuesto}{Adyacente}$.

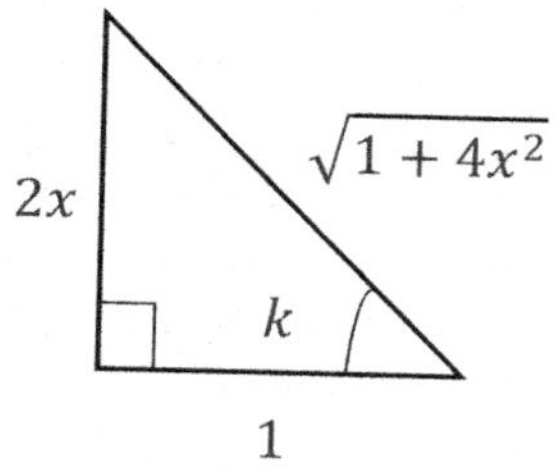

Se concluye que $\sin(k) = \frac{2x}{\sqrt{4x^2+1}}$. Por lo tanto,

$$-\frac{(1+4x^2)^{3/2}}{3x^3} + c$$

Ejemplo 3-4: <u>Sustitución Trigonométrica</u>

Resolver $\int 2t^3(t^2+16)^{3/2}\,dt$.

El problema se resuelve utilizando la segunda expresión de la tabla anterior.

$$\rightarrow t = 4\tan(y)\,;\, dt = 4\sec^2(y)dy$$

$$\rightarrow \int 2[\mathbf{4\tan(y)}]^3[\mathbf{16\tan^2(y)} + 16]^{3/2}\,[\mathbf{4\sec^2(y)dy}]$$

$$\rightarrow 32{,}768 \int \tan^3(y)\left[\underbrace{\mathbf{\tan^2(y)+1}}_{\substack{Aplicando\ identidad\\ trigonométrica}}\right]^{3/2} \sec^2(y)dy$$

$$\rightarrow 32{,}768 \int \tan^3(y)\,\mathbf{\sec^3(y)}\sec^2(y)dy$$

$$32{,}768 \int \tan^3(y)\sec^5(y)dy$$

Resolviendo el problema por el método de integración trigonométrica,

$$\rightarrow 32{,}768 \int \mathbf{\tan^2(y)}\sec^4(y)\tan(y)\sec(y)\,dy$$

$$\rightarrow 32{,}768 \int [\mathbf{\sec^2(y) - 1}]\sec^4(y)\tan(y)\sec(y)\,dy$$

$$\rightarrow u = \sec(y)\,; \quad du = \sec(y)\tan(y)\,dy$$

$$\rightarrow 32{,}768 \int (u^2 - 1)u^4 du$$

$$\rightarrow 32{,}768 \left(\frac{1}{7}u^7 - \frac{1}{5}u^5\right) + c$$

$$32{,}768 \left[\frac{1}{7}\sec^7(y) - \frac{1}{5}\sec^5(y)\right] + c$$

Se realiza el triángulo rectángulo con la información obtenida. Se utilizó como sustitución $t = 4\tan(y)$, entonces $\tan(y) = \frac{t}{4} = \frac{Opuesto}{Adyacente}$.

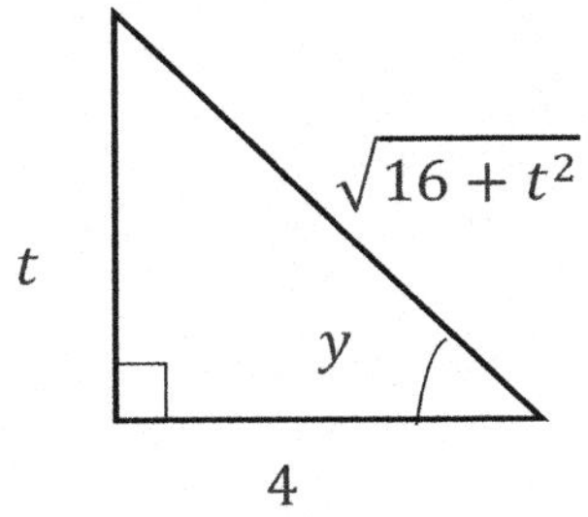

Se obtiene que $\sec(y) = \frac{\sqrt{16+t^2}}{4}$. Realizando la sustitución y simplificando el problema,

$$\frac{2}{35}(t^2 + 16)^{5/2}(5t^2 - 32) + c$$

Ejemplo 3-5: Sustitución Trigonométrica

Resolver $\int \frac{\sqrt{5r^2-4}}{r^3}\,dr$.

Se utiliza la tercera expresión de la tabla anterior.

$$\rightarrow \sqrt{5}r = 2\sec(L) \rightarrow r = \frac{2}{\sqrt{5}}\sec(L)\,;\, dr = \frac{2}{\sqrt{5}}\sec(L)\tan(L)\,dL$$

$$\rightarrow \int \left\{\frac{\sqrt{5\left[\frac{2}{\sqrt{5}}\mathbf{sec}(\boldsymbol{L})\right]^2 - 4}}{\left[\frac{2}{\sqrt{5}}\mathbf{sec}(\boldsymbol{L})\right]^3}\right\}\left[\frac{\mathbf{2}}{\sqrt{\mathbf{5}}}\mathbf{sec}(\boldsymbol{L})\mathbf{tan}(\boldsymbol{L})\boldsymbol{dL}\right]$$

$$\rightarrow \frac{5}{2}\int\left[\frac{\sqrt{\underbrace{\mathbf{sec}^2(\boldsymbol{L}) - \mathbf{1}}_{\substack{Aplicar\ identidad\\ trigonométrica}}}}{\sec^2(L)}\right][\tan(L)\,dL]$$

$$\rightarrow \frac{5}{2}\int \frac{\tan^2(L)}{\sec^2(L)}\,dL$$

$$\rightarrow \frac{5}{2}\int \frac{\left[\frac{\sin^2(L)}{\cos^2(L)}\right]}{\left[\frac{1}{\cos^2(L)}\right]}\,dL$$

$$\frac{5}{2}\int \sin^2(L)\,dL$$

Ahora se aplica el método de sustitución trigonométrica.

$$\rightarrow \frac{5}{2}\int \frac{1}{2}[1 - \cos(2L)]\,dL$$

$$\frac{5}{4}\left[L - \frac{\mathbf{1}}{\mathbf{2}}\mathbf{sin}\,(\mathbf{2}\boldsymbol{L})\right] + C$$

Utilizando la identidad trigonométrica $\frac{1}{2}\sin(2L) = \sin(x)\cos(x)$,

$$\frac{5}{4}[L - \mathbf{sin}(\boldsymbol{L})\mathbf{cos}\,(\boldsymbol{L})] + C$$

Se realiza el triángulo rectángulo con la información obtenida. Se utilizó como sustitución $r\sqrt{5} = 2\sec(L)$, entonces $\sec(L) = \frac{r\sqrt{5}}{2} = \frac{Hipotenusa}{Adyacente}$.

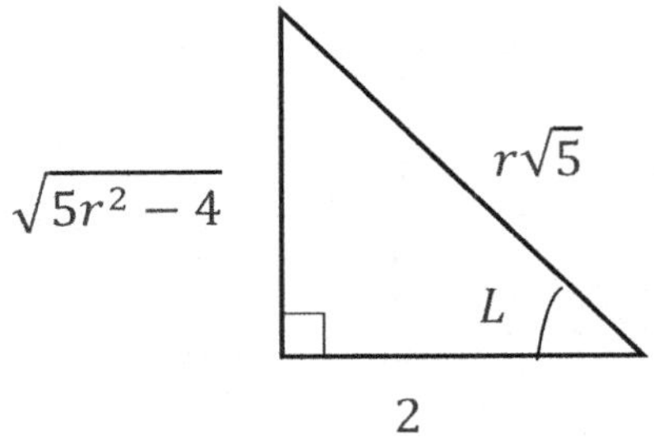

Por lo tanto, $\sin(L) = \frac{\sqrt{5r^2-4}}{r\sqrt{5}}$, $\cos(L) = \frac{2}{r\sqrt{5}}$ y $L = \sec^{-1}\left(\frac{r\sqrt{5}}{2}\right)$.

$$\frac{5}{4}\left[\sec^{-1}\left(\frac{r\sqrt{5}}{2}\right) - \frac{2\sqrt{5r^2 - 4}}{5r^2}\right] + c$$

Ejemplo 3-6: <u>Sustitución Trigonométrica</u>

Resolver $\int \frac{h^2}{\sqrt{h^2-2h-3}}dh$.

Se empieza completando el cuadrado para dejar el radical expresado en términos de $\sqrt{x^2 - a^2}$.

$$\int \frac{h^2}{\sqrt{(\boldsymbol{h} - \mathbf{1})^2 - \mathbf{4}}}dh$$

Ahora se tiene que $x^2 = (h - 1)^2$ y $a^2 = 4$. Realizando la sustitución trigonométrica,

$$\rightarrow h - 1 = 2\sec(F) \rightarrow h = 2\sec(F) + 1; dh = 2\sec(F)\tan(F)\,dF$$

$$\rightarrow \int \frac{[\mathbf{2}\,\mathbf{sec}(\boldsymbol{F}) + \mathbf{1}]^2}{\sqrt{[\mathbf{2}\,\mathbf{sec}(\boldsymbol{F}) + \mathbf{1} - 1]^2 - 4}}[\mathbf{2sec}(\boldsymbol{F})\mathbf{tan}(\boldsymbol{F})\boldsymbol{dF}]$$

$$\rightarrow \int \frac{[2\sec(F)+1]^2}{\sqrt{4\Bigg[\underbrace{\mathbf{sec^2(F)-1}}_{\substack{Aplicando\ identidad\\ trigonométrica}}\Bigg]}}[2\sec(F)\tan(F)dF]$$

$$\rightarrow \int \left[\frac{4\sec^2(F)+4\sec(F)+1}{2\tan(F)}\right][2\sec(F)\tan(F)]dF$$

$$\rightarrow \int [4\sec^3(F)+4\sec^2(F)+\sec(F)]dF$$

$$\int 4\sec^3(F)dF+\int 4\sec^2(F)dF+\int \sec(F)\,dF$$

Resolviendo las integrales,

$$2[\sec(F)\tan(F)+\ln|\sec(F)+\tan(F)|]+4\tan(F)+\ln|\sec(F)+\tan(F)|+c$$

Ahora se realiza el triángulo rectángulo. Donde $\sec(F)=\frac{h-1}{2}$.

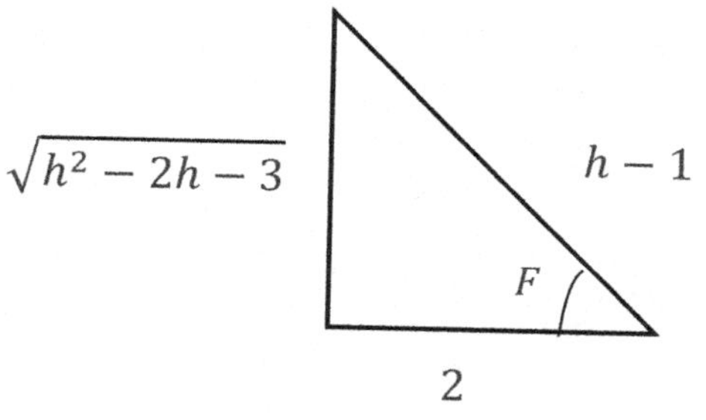

Por lo tanto, se obtiene que $\tan(F)=\frac{\sqrt{h^2-2h-3}}{2}$. Realizado la sustitución,

$$\rightarrow \frac{(h-1)(\sqrt{h^2-2h-3})}{2}+2\sqrt{h^2-2h-3}+3\ln\left|\frac{h-1+\sqrt{h^2-2h-3}}{2}\right|+c$$

$$\frac{(h+3)(\sqrt{h^2-2h-3})}{2}+3\ln\left|\frac{h-1+\sqrt{h^2-2h-3}}{2}\right|+c$$

Ejercicios

1. $\int \frac{w^3}{\sqrt{-5w^2+16}} dw$

2. $\int \frac{2s^2}{\sqrt{s^2+4}} ds$

3. $\int (81 - 4c^2)^{3/2}\, dc$

4. $\int \sqrt{5 + 4m - m^2}\, dm$

5. $\int cx\sqrt{b^2x^2 + a^2}\, dx$

6. $\int \sqrt{7 - (x-1)^2}\, dx$

7. $\int \frac{f^5}{\sqrt{f^2-5}} df$

8. $\int \sqrt{k^2 + 6k + 7}\, dk$

9. $\int 100r\,(r^2 + 144)^{3/2}\, dr$

10. $\int_0^1 \sqrt{25 - 4b^2}\, db$

Respuestas

1. $-\frac{1}{75}\sqrt{16 - 5w^2}\,(5w^2 + 32) + c$

2. $s\sqrt{s^2 + 4} - 4\ln\left(\frac{\sqrt{s^2+4}+x}{2}\right) + c$

3. $\frac{c}{8}(405 - 8c^2)\left(\sqrt{81 - 4c^2}\right) + \frac{19{,}683}{16}\sin^{-1}\left(\frac{2c}{9}\right) + c$

4. $\frac{1}{2}(m - 2)\sqrt{5 + 4m - m^2} - \frac{9}{2}\sin^{-1}\left(\frac{2-m}{3}\right) + c$

5. $\frac{a^5c}{b^4} + \frac{xb}{4a} + c$

6. $-\frac{7}{2}\sin^{-1}\left(\frac{1-x}{\sqrt{7}}\right) + \frac{(x-1)\sqrt{6+2x-x^2}}{2} + c$

7. $\frac{1}{15}(f^2 - 5)^{1/2}(3f^4 + 20f^2 + 200) + c$

8. $\frac{(k+3)\sqrt{k^2+6k+7}}{2} - \ln\left|\frac{k+3+\sqrt{k^2+6k+7}}{\sqrt{2}}\right| + c$

9. $20(r^2 + 144)^{5/2} + c$

10. 4.86

4. INTEGRACIÓN POR FRACCIONES PARCIALES

Las integrales de funciones racionales se utilizan cuando el integral contiene un polinomio tanto en el numerado y en el denominador.

Ejemplo 4-1: Integración por Fracciones Parciales

Resolver $\int \frac{y^4+y^2}{y+1}dy$.

Para resolver el problema se utiliza una división larga ya que el exponente líder del numerador es mayor que el exponente líder del denominador.

$$\int y^3 - y^2 + 2y - 2 + \frac{2}{y+1}dy$$

Integrando el problema,

$$\frac{1}{4}y^4 - \frac{1}{3}y^3 + y^2 - 2y + 2\ln(y+1) + c$$

Ejemplo 4-2: Integración por Fracciones Parciales

Resolver $\int \frac{h^2+3h-4}{h^3+5h^2-6h}dh$.

Se empieza realizando la factorización en el denominador.

$$h^3 + 5h^2 - 6h = h(h+6)(h-1)$$

Debido que el denominador tiene tres distintos factores lineales, se coloca una variable en el numerador de cada factor y se iguala al problema original para encontrar el valor de cada variable.

$$\frac{h^2+3h-4}{h(h+6)(h-1)} = \frac{A}{h} + \frac{B}{h+6} + \frac{C}{h-1}$$

Ahora se multiplica toda la ecuación por el denominador común.

$$[\boldsymbol{h(h+6)(h-1)}]\left[\frac{h^2+3h-4}{h(h+6)(h-1)}\right] = \left[\frac{A}{h} + \frac{B}{h+6} + \frac{C}{h-1}\right][\boldsymbol{h(h+6)(h-1)}]$$

$$h^2 + 3h - 4 = A(h+6)(h-1) + B(h)(h-1) + C(h)(h+6)$$

$$h^2 + 3h - 4 = A(h^2 + 5h - 6) + B(h^2 - h) + C(h^2 + 6h)$$

Utilizando la propiedad distributiva y factorizando el lado derecho de la ecuación,

$$h^2 + 3h - 4 = h^2(A + B) + h(5A - B + 6C) - 6A$$

Ahora se procede a igualar los coeficientes.

$$\underline{\mathbf{1}}h^2 + \underbrace{\mathbf{3}}h - \mathbf{4} = h^2(\underline{\boldsymbol{A + B + C}}) + h\left(\underbrace{\mathbf{5}\boldsymbol{A - B} + \mathbf{6}\boldsymbol{C}}\right) - \mathbf{6}\boldsymbol{A}$$

Por lo tanto,

$$\rightarrow A + B + C = 1$$
$$\rightarrow 5A - B + 6C = 3$$
$$\rightarrow -6A = -4$$
$$A = \frac{2}{3}; B = \frac{1}{3}; C = 0.$$

Resolviendo el problema,

$$\rightarrow \int \frac{A}{h} + \frac{B}{h+6} + \frac{C}{h-1} dh$$

$$\rightarrow \int \frac{2/3}{h} + \frac{1/3}{h+6} + \frac{0}{h-1} dh$$

$$\frac{1}{3}[2\ln(h) + \ln(h+6)] + c$$

Ejemplo 4-3: <u>Integración por Fracciones Parciales</u>

Resolver $\int \frac{3w^2+13w+4}{w^3+25w} dw$.

Se empieza factorizando el denominador.

$$w^3 + 25w = w(w^2 + 25)$$

Se le coloca una variable en el numerador a cada factor y se le iguala al problema original para encontrar el valor de cada variable.

$$\frac{3w^2+13w+4}{w(w^2+25)}=\frac{A}{w}+\frac{\boldsymbol{Bw+C}}{\boldsymbol{w^2}+25}$$

Note que se añadió $Bw+C$ sobre w^2+25 y esto es debido al w^2. Si el denominador tuviera un w^3, por ejemplo, entonces el numerador tendría Bw^2+Cw+D y así sucesivamente.

Multiplicando toda la ecuación por el denominador común,

$$\rightarrow [\boldsymbol{w}(\boldsymbol{w^2}+\mathbf{25})]\left[\frac{3w^2+13w+4}{w(w^2+25)}\right]=\left(\frac{A}{w}+\frac{Bw+C}{w^2+25}\right)[\boldsymbol{w}(\boldsymbol{w^2}+\mathbf{25})]$$

$$3w^2+13w+4=A(w^2+25)+w(Bw+C)$$

Utilizando la propiedad distributiva y factorizando el lado derecho de la ecuación,

$$3w^2+13w+4=w^2(A+B)+Cw+25A$$

Igualando los coeficientes,

$$\rightarrow \underline{\mathbf{3}}w^2+\underbrace{\mathbf{13}}\,w+\mathbf{4}=w^2\left(\underline{\boldsymbol{A}+\boldsymbol{B}}\right)+\underbrace{\boldsymbol{C}}\,w+\mathbf{25}\boldsymbol{A}$$

$$\rightarrow 25A=4;C=13;A+B=3$$

$$A=\frac{4}{25};B=\frac{71}{25};C=13$$

Se realiza la sustitución de variables,

$$\rightarrow \int \frac{\frac{4}{25}}{w}+\frac{\frac{71}{25}w+13}{(w^2+25)}dw$$

$$\rightarrow \int \frac{4}{25w}+\frac{71w}{25(w^2+25)}+\frac{13}{(w^2+25)}dw$$

$$\rightarrow \frac{4}{25}\int \frac{1}{w}dw+\frac{71}{25}\int \frac{w}{w^2+25}dw+\int \frac{13}{w^2+25}dw$$

$$\frac{4}{25}\ln(w)+\frac{71}{50}\ln(w^2+25)+\frac{13}{5}\tan^{-1}\left(\frac{w}{5}\right)+c$$

Nota: $\int \frac{dx}{x^2+a^2}=\frac{1}{a}\tan^{-1}\left(\frac{x}{a}\right)+c$.

Ejemplo 4-4: Integración por Fracciones Parciales

Resolver $\int \frac{k^3+2k^2+3k+1}{k^2+3k+2} dk$.

Se empieza realizando una división larga debido a que el exponente líder del numerador es mayor que el exponente líder del denominador.

$$\int k - 1 + \frac{\mathbf{4k+3}}{\mathbf{k^2+3k+2}} dk$$

Se realiza la integración por fracciones parciales al tercer término de la integral. Por lo tanto, factorizando el denominador,

$$\rightarrow k^2 + 3k + 2 = (k+2)(k+1)$$

$$\frac{4k+3}{(k+2)(k+1)} = \frac{A}{(k+2)} + \frac{B}{(k+1)}$$

Multiplicando toda la ecuación por el denominador común,

$$\rightarrow [(\mathbf{k+2})(\mathbf{k+1})]\left[\frac{4k+3}{(k+2)(k+1)}\right] = \left[\frac{A}{(k+2)} + \frac{B}{(k+1)}\right][(\mathbf{k+2})(\mathbf{k+1})]$$

$$\rightarrow 4k + 3 = A(k+1) + B(k+2)$$

$$\rightarrow \underline{4}k + \underbrace{3} = (\underline{A+B})k + \underbrace{\mathbf{A+2B}}$$

$$\rightarrow A + B = 4; A + 2B = 3$$

$$A = 5;\ B = -1$$

Sustituyendo las variables y resolviendo la integral,

$$\rightarrow \int k - 1 + \frac{5}{k+2} - \frac{1}{k+1} dk$$

$$\frac{1}{2}k^2 - k + 5\ln(k+2) - \ln(k+1) + c$$

Ejercicios

1. $\int \frac{s^2+1}{s^3+16s} ds$

2. $\int \frac{8z}{z^2-25} dz$

3. $\int \frac{a^3+2a^2+a+1}{a+3} da$

4. $\int \frac{5}{h^2+3h+2} dh$

5. $\int \frac{x^2-16}{x^3+6x^2+8x} dx$

6. $\int \frac{4r-3}{6r^2+5r+1} dr$

7. $\int \frac{3p+1}{(3p)(2p^2+3p+1)} dp$

8. $\int \frac{10u^2+u-5}{u^3+25u} du$

9. $\int \frac{m}{(m+5)(3m+4)} dm$

10. $\int \frac{x+42}{3x^2+11x+10} dx$

Respuestas

1. $\frac{1}{16}\left[\ln(s) + \frac{15}{2}\ln(s^2 + 16)\right] + c$

2. $4[\ln(z + 5) + \ln(z - 5)] + c$

3. $\frac{1}{3}a^3 - \frac{1}{2}a^2 + 4a - 11\ln(a + 3) + c$

4. $5[\ln(h + 1) - \ln(h + 2)] + c$

5. $3\ln(x + 2) - 2\ln(x) + c$

6. $5\ln(2r + 1) - \frac{13}{3}\ln(3r + 1) + c$

7. $\frac{1}{3}[\ln(p) - 2\ln(p + 1) + \ln(2p + 1)] + c$

8. $\frac{1}{10}[51\ln(u^2 + 25) - 2\ln(u) + 2\tan^{-1}\left(\frac{u}{5}\right)] + c$

9. $\frac{5}{11}\ln(m + 5) - \frac{4}{33}\ln(3m + 4) + c$

10. $\frac{121}{3}\ln(3x + 5) - 40\ln(x + 2) + c$

5. INTEGRALES IMPROPIAS

Se le conoce como integrales impropias a las integrales cuyos intervalos de integración no están definidos en el dominio de la función o tienden a infinito. Por ejemplo, $\int_0^2 \frac{1}{x-2} dx$ o $\int_1^\infty \frac{1}{x} dx$. Se utiliza el concepto de límite para resolver las integrales impropias.

Cuando el resultado de la integral es un número real o el límite existe se dice que la integral converge, de lo contrario, la integral diverge.

Ejemplo 5-1: Integrales Impropias

Resolver $\int_1^\infty \frac{2}{y^2+1} dy$.

Se comienza cambiando los límites de integración ya que se tiene que evaluar el integral hacia el infinito. Se aplica el concepto de límite donde t tiende a infinito.

$$\lim_{t\to\infty} \int_1^t \frac{2}{y^2+1} dy$$

Ahora se integra el problema.

$$\rightarrow \lim_{t\to\infty} 2\tan^{-1}(y)\Big]_1^t$$

$$\rightarrow \lim_{t\to\infty} 2[\tan^{-1}(t) - \tan^{-1}(1)]$$

$$\lim_{t\to\infty} 2\tan^{-1}(t) - \lim_{t\to\infty} 2\tan^{-1}(1)$$

El resultado de la tangente inversa cuando el límite tiende a infinito es $\frac{\pi}{2}$. La tangente inversa de 1 es $\frac{\pi}{4}$. Por lo tanto,

$$\rightarrow 2\left(\frac{\pi}{2}\right) - 2\left(\frac{\pi}{4}\right)$$

$$\frac{\pi}{2}$$

La integral converge debido que el límite existe.

Ejemplo 5-2: Integrales Impropias

Resolver $\int_0^3 \frac{5k+1}{k-3} dk$.

La integral es impropia ya que tiene una asíntota vertical en $k = 3$. Se procede a calcular el límite de la integral.

$$\rightarrow \lim_{t \to 3^-} \int_0^t \frac{5k+1}{k-3} dk$$

El problema se puede dejar expresado como,

$$\lim_{t \to 3^-} \left[\int_0^t \frac{5k}{k-3} dk + \int_0^t \frac{1}{k-3} dk \right]$$

Aplicando sustitución de variable a la primera integral,

$$\rightarrow u = k - 3 \rightarrow k = u + 3; dk = du$$

$$\lim_{t \to 0^-} \int_{-3}^t \frac{5(u+3)}{u} du + \lim_{t \to 3^-} \int_0^t \frac{1}{k-3} dk$$

Los límites de integración cambian cuando se realiza un cambio de variable al igual que su asíntota vertical. Por lo tanto, es conveniente dejar expresado el problema con la variable original luego de resolver la integral y de esta manera no se tendría que determinar los nuevos límites de integración ni el cambio de asíntota.

$$\lim_{t \to 0^-} \int_{-3}^t 5 + \frac{15}{u} du + \lim_{t \to 3^-} \int_0^t \frac{1}{k-3} dk$$

Resolviendo la integral,

$$\lim_{t \to 0^-} [5u + 15\ln(u)]_{-3}^t + \lim_{t \to 3^-} [\ln(k-3)]_0^t$$

Dejando el resultado en término de la variable original,

$$\lim_{t \to 3^-} [5(k-3) + 16 \ln |k-3|]_0^t$$

Resolviendo el límite,

$$\lim_{t\to 3^-}[5(t-3)+16\ln(3-t)-5(0-3)-16\ln(3-0)]$$

$$0-\infty+15-16\ln(3)\to \text{Diverge}$$

El problema diverge debido a que un término resultó ser infinito.

Ejemplo 5-3: <u>Integrales Impropias</u>

Resolver $\int_0^5 \frac{2}{s-4}ds$.

La asíntota vertical existe en $s = 4$ y los límites de integración incluyen dicho valor. Por lo tanto, se dividen los límites de integración.

$$\to \int_0^4 \frac{2}{s-4}ds+\int_4^5 \frac{2}{s-4}ds$$

$$\lim_{t\to 4^-}\int_0^t \frac{2}{s-4}ds+\lim_{t\to 4^+}\int_t^5 \frac{2}{s-4}ds$$

Los límites de integración en el primer término son entre 0 y 4, pero sin incluir el 4. En el segundo término, los límites de integración son entre 4 y 5, pero sin incluir el 4 nuevamente. Por tal razón, el límite se expresa como $t\to 4^-$ y $t\to 4^+$ para el primero y segundo término, respectivamente.

Integrando y resolviendo el límite,

$$\to \lim_{t\to 4^-}[2\ln(4-s)]_0^t+\lim_{t\to 4^+}[2\ln(4-s)]_t^5$$

$$\to \lim_{t\to 4^-}[2\ln(4-t)-2\ln(4-0)]+\lim_{t\to 4^+}[2\ln(4-5)-2\ln(4-t)]_t^5$$

$$\text{Diverge}$$

Ejemplo 5-4: <u>Integrales Impropias</u>

Resolver $\int_0^\infty \frac{2h}{e^{3h}}\,dh$.

Se comienza cambiando los límites de integración aplicando el concepto de límite donde t tiende a infinito.

$$\rightarrow \lim_{t\to\infty} \int_0^t \frac{2h}{e^{3h}}\,dh$$

$$\lim_{t\to\infty} \int_0^t 2h\, e^{-3h}\,dh$$

Aplicando integración por partes,

$$\rightarrow u = 2h;\ du = 2dh; dv = e^{-3h}dh; v = -\frac{1}{3}e^{-3h}$$

$$\lim_{t\to\infty}\left[\left(\underbrace{2h}_{u}\right)\left(\underbrace{-\frac{1}{3}e^{-3h}}_{v}\right)\Big|_0^t - \int_0^t \left(\underbrace{-\frac{1}{3}e^{-3h}}_{v}\right)\left(\underbrace{2\,dh}_{du}\right)\right]$$

Integrando el problema,

$$\rightarrow \lim_{t\to\infty}\left[-\frac{2}{3}\,h\,e^{-3h} - \frac{2}{9}e^{-3h}\right]_0^t$$

$$\rightarrow \lim_{t\to\infty}\left[-\frac{2}{3}te^{-3t} - \frac{2}{9}e^{-3t} + \frac{2}{3}(0)e^{-3(0)} + \frac{2}{9}e^{-3(0)}\right]$$

$$\frac{2}{9}$$

Ejercicios

1. $\int_1^{\infty} \frac{3}{\sqrt[3]{2s}} ds$

2. $\int_1^{\infty} \frac{2w}{w^2+1} dw$

3. $\int_0^{1} \frac{1}{r^3} dr$

4. $\int_0^{\infty} \frac{3}{2p^2+32} dp$

5. $\int_{1.5}^{2} \frac{25}{\sqrt{2a-3}} da$

6. $\int_0^{\infty} \frac{4u}{81+u^2} du$

7. $\int_0^{1} \frac{3}{43t^2} dt$

8. $\frac{3}{47} \int_1^{\infty} \frac{1}{z^2} dz$

9. $\int_1^{\infty} \frac{5}{g^3+g^2} dg$

10. $\int_1^{\infty} \frac{\ln(x)}{x^3} dx$

Respuestas

1. Diverge

2. Diverge

3. Diverge

4. $\frac{3}{16}\pi$

5. 25

6. Diverge

7. Diverge

8. $\frac{3}{47}$

9. $5\,[1-\ln(2)]$

10. $\frac{1}{4}$

6. VOLUMEN EN DISCOS Y ARANDELAS

La fórmula para calcular el volumen de un disco es la siguiente:

$$V = \int_a^b \pi f(x)^2 dx$$
$$V = \int_a^b \pi f(y)^2 dy$$

La primera y la segunda fórmula se utilizan cuando el disco gira alrededor del eje de x y del eje de y, respectivamente.

La siguiente fórmula es para calcular el volumen de una arandela que gira alrededor del eje de x y del eje de y, respectivamente.

$$V = \int_a^b \pi(R^2 - r^2) dx$$
$$V = \int_a^b \pi(R^2 - r^2) dy$$

Donde R es el radio exterior o el radio mayor y r es el radio interior o el radio menor.

Ejemplo 6-1: Volumen en Discos

Calcular el volumen del sólido de revolución de la función $y = 3 - 4x$ en donde el sólido gira alrededor del eje de x y los límites de integración están definidos en el primer cuadrante.

Se utiliza la formula $V = \int_a^b \pi f(x)^2 dx$ debido a que el disco gira alrededor del eje de x. Los límites de integración están definidos en el primer cuadrante, así que sólo se grafica la función que se encuentra en dicho cuadrante

Graficando el problema,

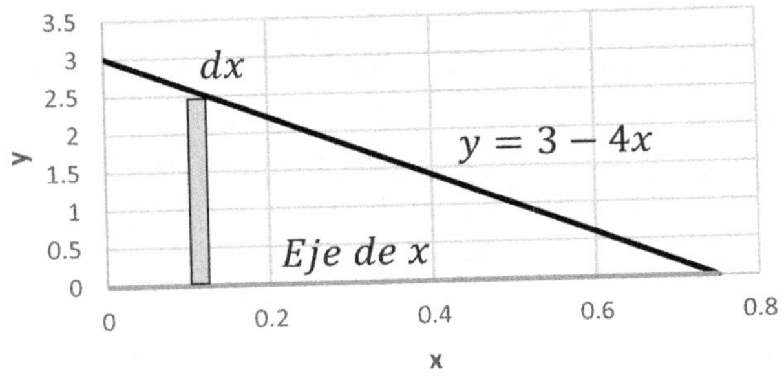

Realizando la gráfica en tres dimensiones,

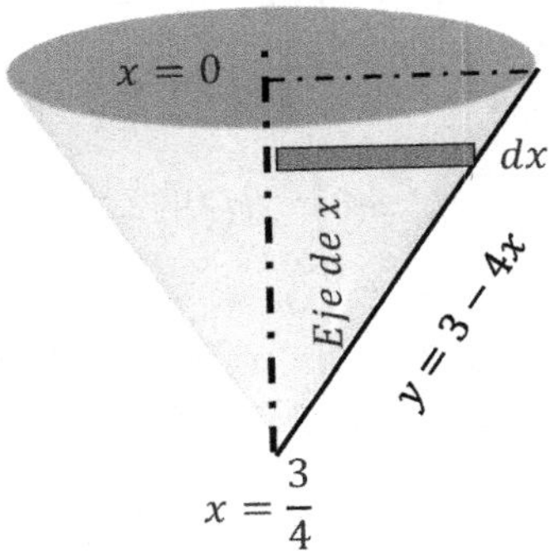

Resolviendo el problema,

$$\rightarrow \int_0^{\frac{3}{4}} \pi(3-4x)^2 dx$$

$$\rightarrow \int_0^{\frac{3}{4}} \pi(9-24x+16x^2) dx$$

$$\rightarrow \pi\left[9x-12x^2+\frac{16}{3}x^3\right]_0^{3/4}$$

$$\frac{9}{4}\pi$$

Ejemplo 6-2: Volumen en Discos

Calcular el volumen del sólido de revolución.

$$y = 8 - 4x^2;\ y = 0; x = 0;\ \text{Alrededor del eje de } y$$

Se utiliza la fórmula $V = \int_a^b \pi f(y)^2 dy$ ya que el problema especifica que el sólido gira alrededor del eje de y. Por lo tanto, se debe expresar la función en termino de y.

$$\rightarrow y = 8 - 4x^2$$

$$x = \frac{1}{2}\sqrt{8 - y}$$

Los límites de integración son en $y = 0$ y en $y = 8$ (se sustituye el $x = 0$ en la función). Por lo tanto,

$$\rightarrow \int_0^8 \pi \left(\frac{1}{2}\sqrt{8 - y}\right)^2 dy$$

$$\rightarrow \int_0^8 \frac{\pi}{4}(8 - y)\, dy$$

$$\rightarrow \left[\frac{\pi}{4}\left(8y - \frac{1}{2}y^2\right)\right]_0^8$$

$$8\pi$$

Ejemplo 6-3: Volumen en Arandelas

Calcular el volumen del sólido de revolución.

$$y = 3x, y = \frac{1}{2}x^2;\ \text{Alrededor del eje de } y$$

Se empieza igualando ambas funciones para calcular los límites de integración.

$$\rightarrow 3x = \frac{1}{2}x^2$$

$$\rightarrow \frac{1}{2}x^2 - 3x = 0$$

$$\rightarrow x\left(\frac{1}{2}x - 3\right) = 0$$

$$x = 0; x = 6$$

Ahora se sustituyen los valores en la función $f(x)$ para determinar los límites de integración. Esto es debido a que la función gira alrededor del eje de y.

$$y = 0; y = 18$$

Graficando el problema,

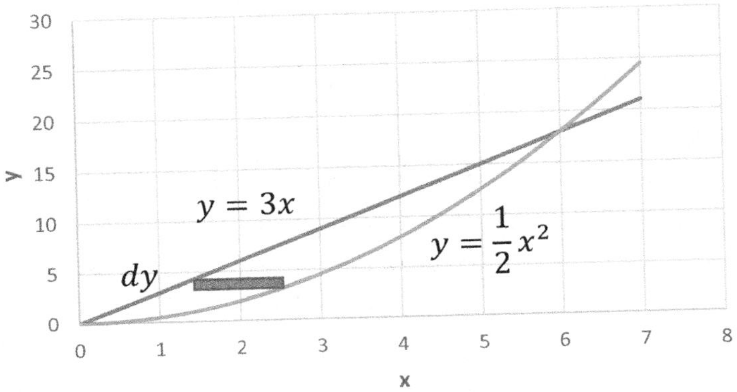

La fórmula de una arandela cuando el sólido gira alrededor del eje de y es $\int_a^b \pi(R^2 - r^2)dy$. El radio mayor, R, cuando el volumen gira alrededor del eje de y será la gráfica que se encuentra alejada del eje de y y el radio menor, r, será la segunda gráfica que se encuentra cerca del eje de y. Para este caso, $R = \sqrt{2y}$ y $r = \frac{y}{3}$.

$$\rightarrow \int_0^{18} \pi\left[\left(\sqrt{2y}\right)^2 - \left(\frac{y}{3}\right)^2\right] dy$$

$$\rightarrow \int_0^{18} \pi\left[2y - \frac{y^2}{9}\right] dy$$

$$\rightarrow \left[\pi\left(y^2 - \frac{1}{27}y^3\right)\right]_0^{18}$$

$$108\pi$$

Ejemplo 6-4: Volumen en Arandelas

Calcular el volumen del sólido de revolución entre la función $y = x^2 + 1$ y la función $x = \sqrt{3 - y}$. El sólido gira alrededor del eje de x.

Se empieza igualando ambas funciones para calcular los límites de integración.

$$\rightarrow x^2 + 1 = 3 - x^2$$

$$\rightarrow 2x^2 = 2$$

$$x = \pm 1$$

Graficando la función,

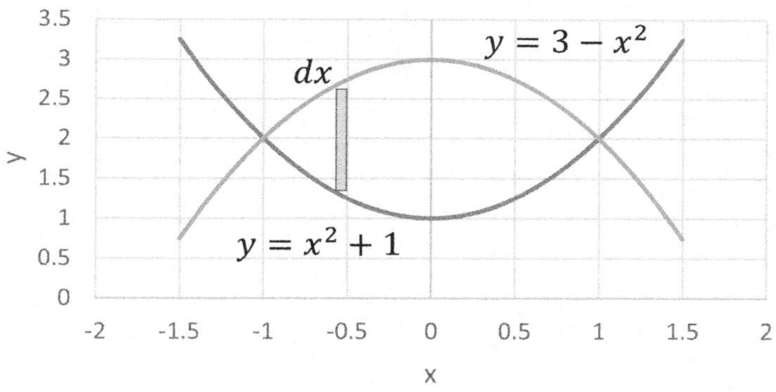

Se utiliza la fórmula $\int_a^b \pi(R^2 - r^2)dx$ debido a que el sólido gira alrededor del eje de x. El radio mayor será la función que se encuentra alejada del eje de x y el radio menor será la función que se encuentra cerca del eje de x. Para este caso, $R = 3 - x^2$ y $r = x^2 + 1$.

$$\rightarrow \int_{-1}^{1} \pi[(3 - x^2)^2 - (x^2 + 1)^2]dx$$

$$\rightarrow \int_{0}^{1} 2\pi[8 - 8x^2]dx$$

$$\frac{32\pi}{3}$$

Ejemplo 6-5: **Volumen en Arandelas**

Calcular el volumen del sólido de revolución que se encuentra entre la recta $y = 7 - 2x$ y en la curva $y = 1 + \frac{1}{2}x^2$. El sólido gira alrededor del eje de x.

Se empieza igualando las funciones para calcular los límites de integración.

$$\rightarrow 7 - 2x = 1 + \frac{1}{2}x^2$$

$$\rightarrow \frac{1}{2}x^2 + 2x - 6 = 0$$

$$x = 2; x = -6$$

Graficando la función,

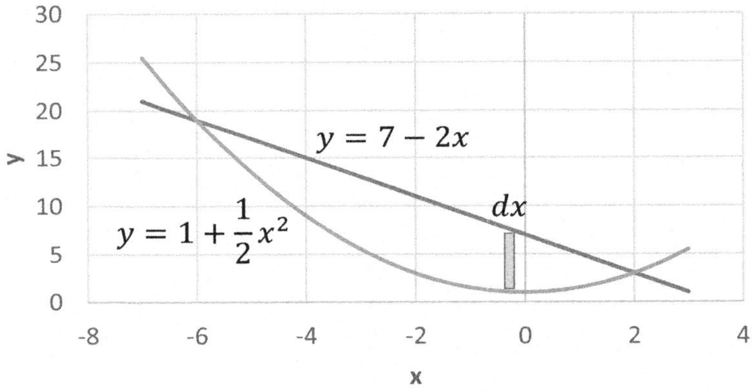

Por lo tanto, $R = 7 - 2x$ ya que es la gráfica que se encuentra alejada del eje de x y $r = 1 + \frac{1}{2}x^2$porque es la función que se encuentra cerca del eje de x.

$$\rightarrow \int_{-6}^{2} \pi \left[(7 - 2x)^2 - \left(1 + \frac{1}{2}x^2\right)^2 \right] dx$$

$$\rightarrow \int_{-6}^{2} \pi \left(48 - 28x + 2x^2 - \frac{1}{4}x^4\right) dx$$

$$\to \pi\left[48x - 14x^2 + \frac{2}{3}x^3 - \frac{1}{20}x^5\right]_{-6}^{2}$$

$$\frac{3{,}328}{5}\pi$$

Ejercicios

Calcular el volumen del sólido.

1. $y = x + 1, y = 3 - x^2$; Alrededor del eje de x

2. $y = 4x, x = \sqrt{y} + 3$; Alrededor del eje de x

3. $y^2 + (x - 3)^2 = 9, x = 0, y = 0$; Alrededor del eje de x

4. $y = 6 - \frac{3}{4}x, y = 0, x = 0$; Alrededor del eje de y

5. $y = 4 - x^2, y = 1, x = 0$; Alrededor del eje de y

6. $y = 16 - x^2, y = 3x^2$; Alrededor del eje de x

7. $y = 5 - x^2, y = 2 - 2x$; Alrededor del eje de x

8. $y = 4 - 3x^2$, Primer cuadrante; Alrededor del eje de y

9. $y = \frac{3}{2}x - 1, y = 0, x = 3, x = 5$; Alrededor del eje de x

10. $x^2 + y^2 = 25, x = 0$; Alrededor del eje de y

Respuestas

1. $\frac{63}{5}\pi$

2. $\frac{34{,}816\pi}{15}$

3. 36π

4. 128π

5. $\frac{9}{2}\pi$

6. $\frac{11{,}264}{15}\pi$

7. $\frac{512}{15}\pi$

8. $\frac{8}{3}\pi$

9. $\frac{103}{2}\pi$

10. $\frac{500}{3}\pi$

7. VOLUMEN POR CORTES CILÍNDRICO

Se utiliza la siguiente fórmula para calcular el volumen por corte cilíndrico cuando el sólido gira alrededor del eje de y.

$$V = \int_a^b 2\pi x f(x)dx$$

Si el sólido gira alrededor del eje de x, entonces se utiliza la fórmula:

$$V = \int_a^b 2\pi y f(y)dy$$

Donde $2\pi x$ ó $2\pi y$ es la circunferencia, $f(x)$ ó $f(y)$ es la altura y dx ó dy es el grosor.

Ejemplo 7-1: <u>Volumen por Cortes Cilíndricos</u>

Calcular el volumen del sólido que se encuentra entre la recta $y = x - 1$ y la curva $y = x^2 - 1$. El sólido gira alrededor del eje de y.

Se utiliza la fórmula $V = \int_a^b 2\pi x f(x)dx$ ya que el sólido gira alrededor del eje de y. Se empieza igualando las funciones para calcular los límites de integración.

$$\rightarrow x - 1 = x^2 - 1$$

$$\rightarrow x^2 = x$$

$$x = 0; x = 1$$

Graficando las funciones,

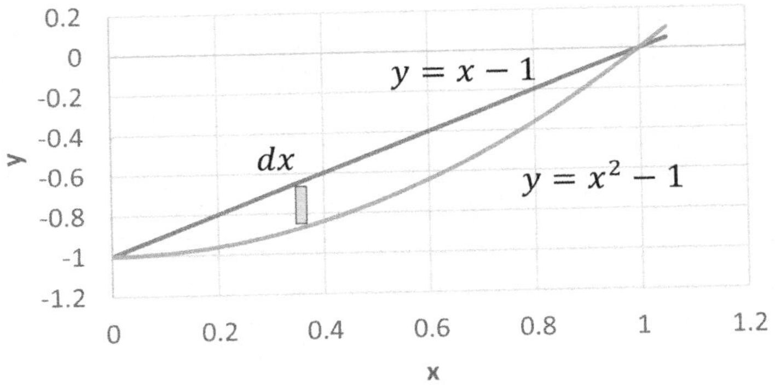

La diferencia entre la recta $y = x - 1$ y la curva $y = x^2 - 1$ será el $f(x)$ de la fórmula.

$$V = \int_0^1 2\pi x \left[\underbrace{(x-1) - (x^2-1)}_{f(x)} \right] dx$$

No importa el orden de la resta. Lo que importa es que el resultado sea positivo. Si el resultado resultó ser negativo, entonces se escogió el orden incorrecto. Resolviendo la integral,

$$\rightarrow \int_0^1 2\pi(x^2 - x^3)dx$$

$$\rightarrow 2\pi \left[\frac{1}{3}x^3 - \frac{1}{4}x^4\right]_0^1$$

$$\frac{\pi}{6}$$

Ejemplo 7-2: <u>Volumen por Cortes Cilíndricos</u>

Calcular el volumen del sólido que gira alrededor del eje de y. La función es $y = 4 - \frac{1}{4}x^2$y los límites de integración están definidos en el primer cuadrante.

Graficando la gráfica que se encuentra en el primer cuadrante,

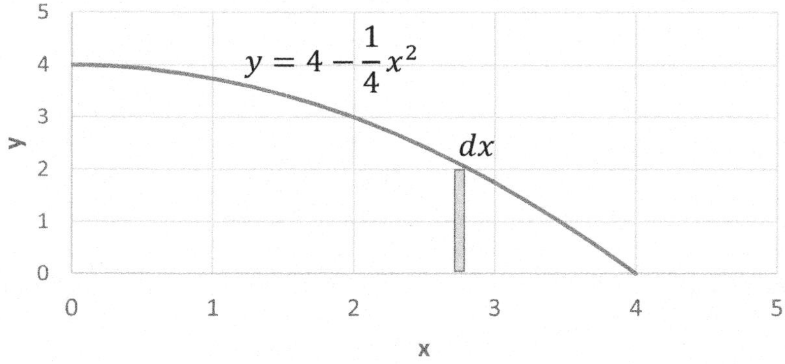

Los límites de integración son $x = 0$ y $x = 4$. Ahora resolviendo el problema,

$$\rightarrow \int_0^4 2\pi x\left(4 - \frac{1}{4}x^2\right)dx$$

$$\rightarrow \int_0^4 2\pi\left(4x - \frac{1}{4}x^3\right)dx$$

$$\rightarrow 2\pi\left[2x^2 - \frac{1}{16}x^4\right]_0^4$$

$$32\pi$$

Ejemplo 7-3: Volumen por Cortes Cilíndricos

Calcular el volumen del sólido de revolución que se encuentra entre la función $y = \sqrt{x}$ y la recta $x = 2y$. El sólido gira alrededor del eje de x .

Se utiliza la fórmula $V = \int_a^b 2\pi y f(y)dy$ ya que el sólido gira alrededor del eje de x. Los límites de integración se calculan igualando las funciones.

$$\rightarrow y^2 = 2y$$

$$y = 0; y = 2$$

Graficando las funciones,

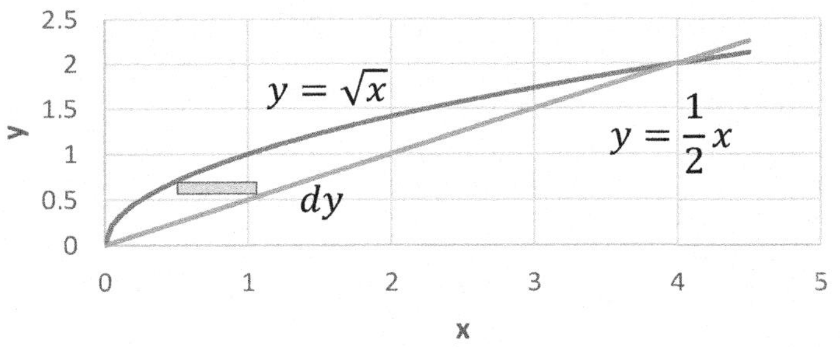

Por lo tanto, $f(y)$ será la diferencia entre $x = 2y$ y $x = y^2$. Resolviendo el problema,

$$\rightarrow \int_0^2 2\pi y\left(\underbrace{2y - y^2}_{f(y)}\right)dy$$

$$\rightarrow \int_0^2 2\pi(2y^2 - y^3)dy$$

$$\rightarrow 2\pi\left[\frac{2}{3}y^3-\frac{1}{4}y^4\right]_0^2$$

$$\frac{8\pi}{3}$$

Ejemplo 7-4: <u>Volumen por Cortes Cilíndricos</u>

Calcular el volumen del sólido de la función $y=\sin(x)$ en los intervalos $x=0$ y $x=\frac{\pi}{2}$. El sólido gira alrededor del eje de x.

Calculando los límites de integración,

$$y(0)=\sin(0)\rightarrow y=0$$

$$y\left(\frac{\pi}{2}\right)=\sin\left(\frac{\pi}{2}\right)\rightarrow y=1$$

Sustituyendo los valores en la fórmula,

$$\int_0^1 2\pi y\left[\underbrace{\sin^{-1}(y)}_{f(y)}\right]dy$$

Ahora se resuelve la integral utilizando el método de integración por partes.

$$\rightarrow u=\sin^{-1}(y);\ du=\frac{1}{\sqrt{1-y^2}}dy;\ dv=ydy;\ v=\frac{1}{2}y^2$$

$$\rightarrow 2\pi\left\{\left[\frac{1}{2}y^2\sin^{-1}(y)\right]_0^1-\frac{1}{2}\int_0^1\frac{y^2}{\sqrt{1-y^2}}dy\right\}$$

Se aplica sustitución trigonométrica.

$$y=\sin(\theta)\,;dy=\cos(\theta)\,d\theta$$

Cambiando los límites de integración,

$$\theta(0)=\sin^{-1}(0)\rightarrow\theta=0$$

$$\theta(1)=\sin^{-1}(1)\rightarrow\theta=\frac{\pi}{2}$$

Resolviendo el problema,

$$\rightarrow 2\pi\left\{\left[\frac{1}{2}y^2\sin^{-1}(y)\right]_0^1-\frac{1}{2}\int_0^{\pi/2}\frac{\sin^2(\theta)\cos(\theta)}{\sqrt{\mathbf{1}-\mathbf{sin}^2(\boldsymbol{\theta})}}d\theta\right\}$$

$$\rightarrow 2\pi\left\{\left[\frac{1}{2}y^2\sin^{-1}(y)\right]_0^1-\frac{1}{2}\int_0^{\pi/2}\frac{\sin^2(\theta)\cos(\theta)}{\sqrt{\mathbf{cos}^2(\boldsymbol{\theta})}}d\theta\right\}$$

$$\rightarrow 2\pi\left\{\left[\frac{1}{2}y^2\sin^{-1}(y)\right]_0^1-\frac{1}{2}\int_0^{\pi/2}\mathbf{sin}^2(\boldsymbol{\theta})\,d\theta\right\}$$

$$\rightarrow 2\pi\left\{\left[\frac{1}{2}y^2\sin^{-1}(y)\right]_0^1-\frac{1}{2}\int_0^{\pi/2}\left(\frac{1}{2}[\mathbf{1}-\mathbf{cos}\,(\mathbf{2}\boldsymbol{\theta})]\right)d\theta\right\}$$

$$\rightarrow 2\pi\left\{\left[\frac{1}{2}y^2\sin^{-1}(y)\right]_0^1-\frac{1}{4}\left[\theta-\frac{1}{2}\sin(2\theta)\right]_0^{\pi/2}\right\}$$

$$\frac{\pi^2}{4}$$

<u>**Ejercicios**</u>

1. $y = x^2, x = 0, x = 2$; Alrededor del eje de y

2. $y = \ln(x), x = 1, x = 5$; Alrededor del eje de y

3. $y = \cos(x), x = 0, x = \frac{\pi}{2}$; Alrededor del eje de x

4. $x = \frac{1}{3}y^2 - 1, x = 3 - y^2, y = 0, y = \sqrt{3}$; Alrededor del eje de x

5. $y = 2 - \frac{1}{10}x^2, x = 0, y = 0$; Alrededor del eje de x

6. $x = \sqrt{2y}, x = \sqrt{4-2y}, x = -1, x = \sqrt{2}$; Alrededor del eje de y

7. $y = 50 - \frac{5}{4}x, x = 0, y = 0$; Alrededor del eje de y

8. $y = \sin(2x) + 1, x = 0, x = \frac{\pi}{4}$; Alrededor del eje de y

9. Dentro del triángulo que pasa por $(0,0), (10,5), (0,5)$; Alrededor del eje de x

10. Primer cuatrante del círculo $x^2 + y^2 = 4$; Alrededor del eje de x

Respuestas

1. 8π

2. $\approx 28.24\pi$

3. $\frac{\pi^2}{4}$

4. 6π

5. $\approx 9.54\pi$

6. $\frac{\pi}{2}$

7. $\frac{80{,}000\pi}{3}$

8. $\frac{\pi}{16}(\pi^2 + 8)$

9. $\frac{500\pi}{3}$

10. $\frac{16\pi}{3}$

8. LONGITUD DE ARCO

La fórmula para calcular la longitud de una curva es la siguiente:

$$L = \int_a^b \sqrt{1 + \left(\frac{dy}{dx}\right)^2}\, dx$$

$$L = \int_a^b \sqrt{1 + \left(\frac{dx}{dy}\right)^2}\, dy$$

Ejemplo 8-1: Longitud de Arco

Calcular la longitud de la curva $x = 4 + 5y^2$ en las coordenadas $(4{,}0), (14, \sqrt{2})$

Se empieza derivando la función.

$$\rightarrow x = 4 + 5y^2$$

$$\frac{dx}{dy} = 10y$$

No importa si se realiza $\frac{dx}{dy}$ o $\frac{dy}{dx}$, ya que el resultado será el mismo. Por lo tanto, los límites de integración serán los valores que representan el eje de y de las coordenadas ya mencionadas.

$$\rightarrow \int_0^{\sqrt{2}} \sqrt{1 + (\mathbf{10y})^2}\, dy$$

$$\int_0^{\sqrt{2}} \sqrt{1 + 100y^2} dy$$

Aplicando sustitución trigonométrica,

$$y = \frac{1}{10}\tan(\theta)\,;\; dy = \frac{1}{10}\sec^2(\theta) d\theta$$

Los límites de integración no se van a cambiar debido a que se va a dejar el problema expresado con la variable original.

$$\to \int \left(\sqrt{1 + 100 \left[\frac{1}{10} \tan(\theta)\right]^2} \right) \left[\frac{1}{10} \sec^2(\theta)\, d\theta\right]$$

$$\to \int \left[\sqrt{1 + \tan^2(\theta)}\right] \left[\frac{1}{10} \sec^2(\theta)\, d\theta\right]$$

$$\to \int \frac{1}{10} \sec^3(\theta) d\theta$$

$$\to \frac{1}{20} [\sec(\theta) \tan(\theta) + \ln\ |\sec(\theta) + \tan(\theta)|]$$

Ahora se expresa el problema con la variable original y se resuelve el problema.

$$\to \frac{1}{20} [(\sqrt{1 + 100y^2}(10y) + \ln \left|\sqrt{1 + 100y^2} + 10y\right|]_0^{\sqrt{2}}$$

$$\cong 10.19$$

Ejemplo 8-2: **<u>Longitud de Arco</u>**

Calcular la longitud de arco de la función $y = 1 + \frac{2}{3} x^{3/2}$, $0 \leq x \leq 5$.

Se empieza derivando la función.

$$\frac{dy}{dx} = \sqrt{x}$$

Ahora se utiliza la fórmula con los límites de integración ya dados.

$$\to \int_0^5 \sqrt{1 + \left(\sqrt{x}\right)^2}\, dx$$

$$\int_0^5 \sqrt{x + 1}\, dx$$

Realizando sustitución de variable y cambiando los límites de integración,

$$\rightarrow u = 1 + x, du = dx$$

$$\rightarrow u(0) = 1; \;\; u(5) = 6$$

$$\rightarrow \int_1^6 \sqrt{u}\, du$$

$$\rightarrow \frac{2}{3} u^{3/2} \Big|_1^6$$

$$\cong 9.13$$

Ejemplo 8-3: Longitud de Arco

Calcular la longitud de la curva $y = 4\sqrt{x} + 3$, $1 \leq x \leq 4$.

La derivada de la función es $\frac{dy}{dx} = \frac{2}{\sqrt{x}}$. Por lo tanto,

$$\rightarrow \int_1^4 \sqrt{1 + \left(\frac{2}{\sqrt{x}}\right)^2}\, dx$$

$$\rightarrow \int_1^4 \sqrt{1 + \frac{4}{x}}\, dx$$

$$\int_1^4 \sqrt{\frac{x+4}{x}}\, dx$$

El problema se debe resolver bajo el método de sustitución trigonométrica. Para que eso sea posible, se debe llamar $x = y^2$, en donde $dx = 2ydy$. Los límites de integración cambian debido al cambio de variable.

$$\rightarrow \int_1^2 \left(\sqrt{\frac{y^2+4}{y^2}}\right)(2ydy)$$

$$2\int_{1}^{2}\sqrt{y^2+4}\,dy$$

Ahora se aplica sustitución trigonométrica.

$$\rightarrow y = 2\tan(\theta)\,;dy = 2\sec^2(\theta)d\theta$$

$$\rightarrow 2\int\left\{\sqrt{[2\tan(\theta)]^2+4}\right\}\,[2\sec^2(\theta)d\theta]$$

$$\rightarrow 8\int \sec^3(\theta)d\theta$$

$$4[\sec(\theta)\tan(\theta)+\ln\,|\sec(\theta)+\tan\,(\theta)|]$$

Se deja el problema expresado con la variable anterior y luego se resuelve el problema.

$$\rightarrow 4\left[\left(\frac{\sqrt{y^2+4}}{2}\right)\left(\frac{y}{2}\right)+\ln\left(\frac{\sqrt{y^2+4}}{2}+\frac{y}{2}\right)\right]_1^2$$

$$\cong 5.01$$

Ejemplo 8-4:<u>**Longitud de Arco**</u>

Calcular la longitud de la curva $x^2 + y^2 = 4,\ 0 \leq y \leq 1.$

Se empieza calculando la derivada $\frac{dx}{dy}$.

$$\rightarrow x = \sqrt{4-y^2}$$

$$\frac{dx}{dy} = -\frac{y}{\sqrt{4-y^2}}$$

Sustituyendo los valores en la fórmula,

$$\rightarrow \int_{0}^{1}\sqrt{1+\left(\frac{-y}{\sqrt{4-y^2}}\right)^2}\,dy$$

$$\rightarrow \int_0^1 \sqrt{1+\frac{y^2}{4-y^2}}\,dy$$

$$\rightarrow \int_0^1 \sqrt{\frac{4-y^2+y^2}{4-y^2}}\,dy$$

$$\int_0^1 \frac{2}{\sqrt{4-y^2}}\,dy$$

Ahora se realiza la sustitución trigonométrica.

$$\rightarrow y = 2\sin(\theta)\,;dy = 2\cos(\theta)\,d\theta$$

$$\rightarrow \int \frac{4\cos(\theta)}{2\cos(\theta)}\,d\theta$$

$$\rightarrow \int 2d\theta$$

$$2\theta$$

Regresando a la variable original,

$$\rightarrow \theta = \sin^{-1}\left(\frac{y}{2}\right)$$

$$\rightarrow 2\left[\sin^{-1}\left(\frac{y}{2}\right)\right]_0^1$$

$$\frac{\pi}{3}$$

Ejercicios

1. $x^2 = 9 - y^2, 0 \leq x \leq 2$
2. $y = 3\sqrt{x}, 1 \leq x \leq 3$
3. $x = 4\sqrt{y}, 0 \leq y \leq 1$
4. $y = \ln[\cos(x)], 0 \leq x \leq \frac{\pi}{4}$
5. $y = 2\ln(x), \sqrt{12} \leq x \leq \sqrt{21}$
6. $x = y^{3/2}, 0 \leq y \leq 1$
7. $y = \frac{1}{2}x + 9, 2 \leq x \leq 3$
8. $x = \sqrt{2y}, 1 \leq y \leq 3$
9. $y = \sqrt{\frac{x-1}{3}}, 0 \leq y \leq \frac{\sqrt{3}}{6}$
10. $x^2 + y^2 = 16, 0 \leq y \leq 3$

Respuestas

1. $\cong 2.19$

2. $\cong 2.98$

3. $\cong 4.16$

4. $\ln(\sqrt{2} + 1)$

5. $\cong 1.25$

6. $\cong 1.44$

7. $\frac{\sqrt{5}}{2}$

8. $\cong 2.49$

9. $\frac{1}{12}[2\sqrt{3} + \ln(2 + \sqrt{3})]$

10. $4\sin^{-1}\left(\frac{3}{4}\right)$

9. ÁREA DE UNA SUPERFICIE DE REVOLUCIÓN

La fórmula para calcular el área de superficie es la siguiente:

$$S = \int 2\pi f(x)ds;\, ds = \sqrt{1 + [f'(x)]^2}\, dx;\ \text{Alrededor del eje de } x$$

$$S = \int 2\pi f(y)ds;\, ds = \sqrt{1 + [f'(y)]^2} dy;\ \text{Alrededor del eje de } y$$

Ejemplo 9-1: **Área de Superficie**

Calcular el área de superficie alrededor del eje de x de la función $x^2 + y^2 = 25, -5 \leq x \leq 5$.

La función se deja expresada como $f(x) = \sqrt{25 - x^2}$ dado que la misma gira alrededor del eje de x. Por lo tanto, la derivada sería $\frac{dy}{dx} = -\frac{x}{\sqrt{25-x^2}}$. Ahora se sustituye los valores en la fórmula y se resuelve el problema.

$$\rightarrow \int_{-5}^{5} 2\pi\left(\underbrace{\sqrt{\mathbf{25 - x^2}}}_{f(x)}\right)\left[\sqrt{1 + \left(\underbrace{-\frac{\boldsymbol{x}}{\sqrt{\mathbf{25 - x^2}}}}_{\frac{dy}{dx}}\right)^2}\,\right] dx$$

$$\rightarrow \int_{-5}^{5} 2\pi\left(\sqrt{25 - x^2}\right)\left(\sqrt{\frac{25}{25 - x^2}}\right) dx$$

$$\rightarrow \int_{-5}^{5} 2\pi\left(\sqrt{\mathbf{25 - x^2}}\right)\left(\frac{5}{\sqrt{\mathbf{25 - x^2}}}\right) dx$$

$$\rightarrow \int_{-5}^{5} 2\pi(5)\, dx$$

$$\rightarrow [10\pi x]_{-5}^{5}$$

$$100\pi$$

Ejemplo 9-2: Área de Superficie

Calcular el área de superficie de $y = \sqrt{2+3x}, -\frac{1}{12} \leq x \leq \frac{2}{3}$. La función gira alrededor del eje de x.

La derivada de la función es $\frac{dy}{dx} = \frac{3}{2\sqrt{2+3x}}$. Sustituyendo los valores en la función,

$$\rightarrow \int_{-1/12}^{2/3} 2\pi\left(\sqrt{\mathbf{2+3x}}\right)\left[\sqrt{1+\left(\frac{\mathbf{3}}{\mathbf{2\sqrt{2+3x}}}\right)^2}\right] dx$$

$$\rightarrow \int_{-1/12}^{2/3} \mathbf{2\pi(\sqrt{2+3x})}\left[\frac{\sqrt{12x+17}}{\sqrt{\mathbf{4(2+3x)}}}\right] dx$$

$$\int_{-1/12}^{2/3} \pi\sqrt{12x+17}\, dx$$

Se realiza el cambio de variable y se cambian los límites de integración.

$$\rightarrow u = 12x + 17; du = 12dx \rightarrow dx = \frac{du}{12}$$

$$\rightarrow u\left(-\frac{1}{12}\right) = 12\left(-\frac{1}{12}\right) + 17 \rightarrow u = 16$$

$$\rightarrow u\left(\frac{2}{3}\right) = 12\left(\frac{2}{3}\right) + 17 \rightarrow u = 25$$

$$\rightarrow \frac{\pi}{12}\int_{16}^{25} \sqrt{u}\, du$$

$$\rightarrow \frac{\pi}{18}\left(u^{3/2}\right)\Big|_{16}^{25}$$

$$\frac{61\pi}{18}$$

Ejemplo 9-3: Área de Superficie

Calcular el área de superficie de $y = \sin(\beta)\,, 0 \leq \beta \leq \frac{\pi}{2}$, alrededor del eje de x.

La derivada de la función es $\frac{dy}{d\beta} = \cos(\beta)$. Sustituyendo los valores en la función,

$$\int_0^{\pi/2} 2\pi \sin(\beta)\sqrt{1+\cos^2(\beta)}\,d\beta$$

Ahora se realiza el cambio de variable y se cambian los límites de integración.

$$\rightarrow u = \cos(\beta)\,; du = -\sin(\beta)\,d\beta$$

$$\rightarrow \beta(0) = \cos^{-1}(0) \rightarrow \beta = 1$$

$$\rightarrow \beta\left(\frac{\pi}{2}\right) = \cos^{-1}\left(\frac{\pi}{2}\right) \rightarrow \beta = 0$$

$$-\int_1^0 2\pi\sqrt{1+u^2}\,du$$

Se puede invertir los límites de integración, pero se debe multiplicar la integral por un negativo.

$$2\pi\int_0^1 \sqrt{1+u^2}\,du$$

Aplicando sustitución trigonométrica,

$$\rightarrow u = \tan(x)\,; du = \sec^2(x)dx$$

$$\rightarrow x(0) = \tan^{-1}(0) \rightarrow x = 0$$

$$\rightarrow x(1) = \tan^{-1}(1) \rightarrow x = \frac{\pi}{4}$$

$$\rightarrow 2\pi\int_0^{\pi/4} \sqrt{1+\tan^2(x)}\,(\sec^2(x))dx$$

$$\rightarrow 2\pi\int_0^{\pi/4} \sec^3(x)dx$$

$$\rightarrow 2\pi\left(\frac{1}{2}\right)[\sec(x)\tan(x)+\ln\ |\sec(x)+\tan(x)|]_0^{\frac{\pi}{4}}$$

$$\pi[\sqrt{2}+\ln(\sqrt{2}+1)]$$

Ejemplo 9-4: Área de Superficie

Calcular el área de revolución de $\frac{x^2}{4}+\frac{y^2}{9}=1$, $-3 \le y \le 3$; alrededor del eje de y.

Para este problema, $f(y)=\frac{2}{3}\sqrt{9-y^2}$ y la derivada es $\frac{dx}{dy}=-\frac{2y}{3\sqrt{9-y^2}}$. Sustituyendo los valores,

$$\rightarrow \int_{-3}^{3}\frac{4\pi}{3}\left(\sqrt{9-y^2}\right)\left[\sqrt{1+\frac{4y^2}{9(9-y^2)}}\right]dy$$

$$\rightarrow \int_{-3}^{3}\frac{4\pi}{3}\left(\sqrt{\mathbf{9}-\boldsymbol{y}^{\mathbf{2}}}\right)\left[\frac{\sqrt{81-5y^2}}{(\sqrt{9})\sqrt{(\mathbf{9}-\boldsymbol{y}^{\mathbf{2}})}}\right]dy$$

$$\frac{4\pi}{9}\int_{-3}^{3}\sqrt{81-5y^2}\,dy$$

Aplicando el método de sustitución trigonométrica,

$$\rightarrow y=\frac{9}{\sqrt{5}}\sin(k);\ \ dy=\frac{9}{\sqrt{5}}\cos(k)\,dk$$

$$\rightarrow \frac{4\pi}{9}\int\left\{\sqrt{81-5\left[\frac{\mathbf{9}}{\sqrt{\mathbf{5}}}\mathbf{sin}(\boldsymbol{k})\right]^2}\right\}\left[\frac{9}{\sqrt{5}}\cos(k)\right]dk$$

$$\rightarrow \frac{36\pi}{\sqrt{5}}\int\cos^2(k)dk$$

$$\rightarrow \frac{18\pi}{\sqrt{5}}\int[1+\cos(2k)]dk$$

$$\frac{18\pi}{\sqrt{5}}[k+\sin(k)\cos(k)]$$

Dejando el resultado expresado en la variable original y resolviendo el problema,

$$\rightarrow \frac{18\pi}{\sqrt{5}}[\sin^{-1}\left(\frac{y\sqrt{5}}{9}\right)+\frac{1}{81}\left(y\sqrt{5}\right)\left(\sqrt{81-5y^2}\right)]_0^3$$

$$\frac{18\pi}{\sqrt{5}}[\sin^{-1}\left(\frac{\sqrt{5}}{3}\right)+\frac{2\sqrt{5}}{9}]$$

Ejercicios

1. $x = y^2, 0 \leq x \leq 2;$ Alrededor del eje de x

2. $x^2 + \frac{1}{4}y^2 = 4, -2 \leq x \leq 2;$ Alrededor del eje de x

3. $y = \cos(\gamma), 0 \leq \gamma \leq \frac{\pi}{4};$ Alrededor del eje de x

4. $x^2 + y^2 = 1, -1 \leq y \leq 1;$ Alrededor del eje de y

5. $x = \sqrt{3-2y}, 0 \leq y \leq \frac{3}{2};$ Alrededor del eje de y

6. $y = \frac{1}{3}x, 1 \leq x \leq 3;$ Alrededor del eje de x

7. $x^2 + 3y^2 = 16, 0 \leq y \leq 4;$ Alrededor del eje de y

8. $x = 2y + 1, 2 \leq y \leq 4;$ Alrededor del eje de y

9. $y = \sqrt{b^2 + x^2}, 0 \leq x \leq \frac{b}{\sqrt{2}};$ Alrededor del eje de x

10. $y = x^2, 0 \leq y \leq 3;$ Alrededor del eje de y

Respuestas

1. $\frac{13\pi}{3}$

2. $\frac{16\pi}{\sqrt{3}}[2\sqrt{3} + \ln(2+\sqrt{3})]$

3. $\pi\left(\frac{\sqrt{3}}{2} + \ln\left|\frac{\sqrt{3}}{2} + \frac{1}{\sqrt{2}}\right|\right)$

4. 4π

5. $\frac{14\pi}{3}$

6. $\frac{8\sqrt{10}}{9}\pi$

7. $\cong 52.97$

8. $28\pi\sqrt{5}$

9. $\pi\frac{b^2}{\sqrt{2}}\left[\sqrt{2} + \ln(\sqrt{2}+1)\right]$

10. $\frac{\pi}{6}[13\sqrt{13} - 1]$

10. APLICACIONES A LA INGENIERÍA Y A LA FÍSICA

El centroide de una región o figura se calcula utilizando las siguientes fórmulas,

$$\bar{x} = \frac{1}{A}\int_a^b xf(x)dx$$

$$\bar{y} = \frac{1}{A}\int_a^b \frac{1}{2}[f(x)]^2 dx$$

Donde, A es el área de la figura y se calcula utilizando la fórmula $\int_a^b f(x)dx$.

Ejemplo 10-1: <u>Centroide</u>

Calcular $C(\bar{x}, \bar{y})$ de la curva $y = 4 - x^2, x = 0, y = 0$.

Se empieza calculando $\bar{x}$, en donde los límites de integración son $0 \leq x \leq 2$. Para este problema, $f(x) = 4 - x^2$. Sustituyendo los valores en la fórmula,

$$\bar{x} = \frac{1}{A}\int_a^b xf(x)dx\,;A = \int_a^b f(x)dx$$

$$\bar{x} = \frac{\int_0^2 x(4 - x^2)dx}{\int_0^2 (4 - x^2)dx}$$

Un método más sencillo para resolver el problema es integrando primero el numerador, luego el denominador y finalmente dividir los resultados.

Integrando el numerador,

$$\rightarrow \int_0^2 x(4 - x^2)dx$$

$$\rightarrow 2x^2 - \frac{1}{4}x^4\Big|_0^2$$

$$4$$

Integrando el denominador,

$$\to \int_0^2 (4 - x^2)dx$$

$$\to 4x - \frac{1}{3}x^3|_0^2$$

$$\frac{16}{3}$$

Dividiendo ambos resultados,

$$\bar{x} = \frac{(4)}{\left(\frac{16}{3}\right)} = \frac{3}{4}$$

Se utiliza la formula $\bar{y} = \frac{1}{A}\int_a^b \frac{1}{2}[f(x)]^2 dx$ para calcular el centroide en el eje de y. Ya se calculó el valor de A, así que sólo se debe calcular $\int_a^b \frac{1}{2}[f(x)]^2 dx$.

$$\to \frac{1}{2}\int_0^2 \left[\underbrace{4 - x^2}_{f(x)}\right]^2 dx$$

$$\to \frac{1}{2}\int_0^2 (16 - 8x^2 + x^4)dx$$

$$\to 8x - \frac{4}{3}x^3 + \frac{1}{10}x^5|_0^2$$

$$\frac{128}{15}$$

Dividiendo el resultado con el área ya calculada,

$$\bar{y} = \frac{8}{5}$$

El centroide de la función sería,

$$C\left(\frac{3}{4}, \frac{8}{5}\right)$$

Ejemplo 10-2: <u>Centroide</u>

Calcular el centro de masa del triángulo cuyas coordenadas son $(0,0), (3,0), (0,2)$.

Se empieza graficando el triángulo.

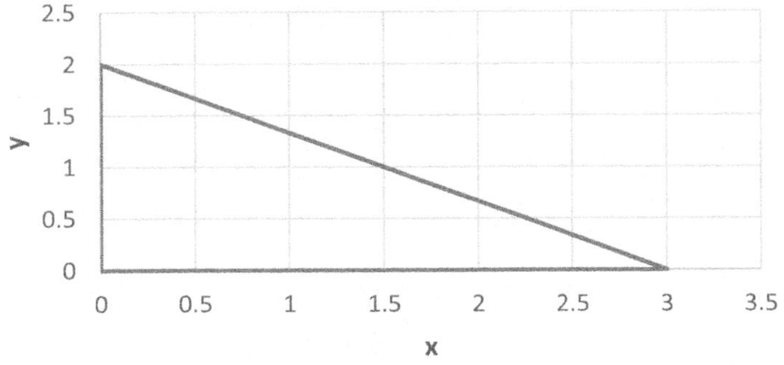

Los límites de integración para calcular $\bar{x}$ son $0 \leq x \leq 3$. La función $f(x)$ es la hipotenusa del triángulo. Se empieza calculando la pendiente de la recta.

$$m = \frac{y_2 - y_1}{x_2 - x_1} = \frac{2-0}{0-3} = -\frac{2}{3}$$

Por lo tanto, la función sería $y = -\frac{2}{3}x + 2$. Ahora se procede a calcular $\bar{x}$.

$$\bar{x} = \frac{\int_0^3 x\left(-\frac{2}{3}x + 2\right)dx}{\int_0^3 \left(-\frac{2}{3}x + 2\right)dx}$$

Resolviendo el numerador,

$$\rightarrow \int_0^3 \left(-\frac{2}{3}x^2 + 2x\right)dx$$

$$\rightarrow -\frac{2}{9}x^2 + x^2|_0^3$$

3

Resolviendo el denominador,

$$\rightarrow \int_0^3 \left(-\frac{2}{3}x + 2\right) dx$$

$$\rightarrow -\frac{1}{3}x^2 + 2x\Big|_0^3$$

$$3$$

Dividiendo los resultados,

$$\bar{x} = 1$$

Resolviendo para $\bar{y}$,

$$\bar{y} = \frac{\frac{1}{2}\int_0^3 \left(-\frac{2}{3}x + 2\right)^2 dx}{\int_0^3 \left(-\frac{2}{3}x + 2\right) dx}$$

Resolviendo el numerador,

$$\rightarrow \frac{1}{2}\int_0^3 \left(-\frac{2}{3}x + 2\right)^2 dx$$

$$\rightarrow \frac{1}{2}\int_0^3 \left(\frac{4}{9}x^2 - \frac{8}{3}x + 4\right) dx$$

$$\rightarrow \frac{2}{27}x^3 - \frac{2}{3}x^2 + 2x\Big|_0^3$$

$$2$$

Dado que $\int_0^3 \left(-\frac{2}{3}x + 2\right) dx = 3$, se procede a dividir ambos resultados.

$$\bar{y} = \frac{2}{3}$$

El centroide del triángulo rectángulo es $C\left(1, \frac{2}{3}\right)$.

Ejemplo 10-3: <u>Centroide</u>

Calcular $C(\bar{x}, \bar{y})$ entre la región $y = 3x$ y $y = \frac{1}{3}x^2$.

Se empieza igualando las funciones para calcular los límites de integración.

$$3x = \frac{1}{3}x^2 \rightarrow x = 0, x = 9$$

Resolviendo para $\bar{x}$,

$$\bar{x} = \frac{\int_0^9 x\left(3x - \frac{1}{3}x^2\right) dx}{\int_0^9 \left(3x - \frac{1}{3}x^2\right) dx}$$

Calculando el numerador,

$$\rightarrow \int_0^9 \left(3x^2 - \frac{1}{3}x^3\right) dx$$

$$\rightarrow x^3 - \frac{1}{12}x^4 |_0^9$$

$$\frac{729}{4}$$

Calculando el denominador,

$$\rightarrow \int_0^9 \left(3x - \frac{1}{3}x^2\right) dx$$

$$\rightarrow \frac{3}{2}x^2 - \frac{1}{9}x^3 |_0^9$$

$$\frac{81}{2}$$

Dividiendo ambos resultados

$$\bar{x} = \frac{9}{2}$$

Nota: No importa el orden que se seleccione para hacer la resta de funciones, pero el orden debe ser consistente durante todo el problema.

La fórmula para calcular $\bar{y}$ es $\bar{y} = \frac{1}{A}\int_a^b \frac{1}{2}\{[f(x)]^2 - [g(x)]^2\}dx$. Por lo tanto,

$$\bar{y} = \frac{\frac{1}{2}\int_0^9 \left[(3x)^2 - \left(\frac{1}{3}x^2\right)^2\right] dx}{\int_0^9 \left(3x - \frac{1}{3}x^2\right) dx}$$

Integrando el numerador,

$$\rightarrow \frac{1}{2}\int_0^9 \left[(3x)^2 - \left(\frac{1}{3}x^2\right)^2\right] dx$$

$$\rightarrow \frac{1}{2}\int_0^9 \left(9x^2 - \frac{1}{9}x^4\right) dx$$

$$\rightarrow \frac{1}{2}\left(3x^3 - \frac{1}{45}x^5\right)\Big|_0^9$$

$$\frac{2{,}187}{5}$$

Dividiendo el numerador con el resultado del área ya calculado.

$$\bar{y} = \frac{54}{5}$$

El centroide es $C\left(\frac{9}{2}, \frac{54}{5}\right)$.

Ejemplo 10-4: <u>Centroide</u>

Calcular $C(\bar{x}, \bar{y})$ de la función $y = \sin(x)\,, y = 0, 0 \leq x \leq \frac{\pi}{2}$.

Se empieza resolviendo $\bar{x}$.

$$\bar{x} = \frac{\int_0^{\pi/2} x\sin(x)dx}{\int_0^{\pi/2} \sin(x)\,dx}$$

Integrando el numerador,

$$\rightarrow \int_0^{\pi/2} x \sin(x) dx$$

$$\rightarrow u = x; du = dx; dv = \sin(x)\, dx; v = -\cos(x)$$

$$\rightarrow -x \cos(x)|_0^{\pi/2} + \int_0^{\pi/2} \cos(x)\, dx$$

$$\rightarrow [-x \cos(x) + \sin(x)]_0^{\pi/2}$$

$$1$$

Resolviendo el denominador,

$$\rightarrow \int_0^{\pi/2} \sin(x)\, dx$$

$$\rightarrow [-\cos(x)]_0^{\pi/2}$$

$$1$$

Dividiendo ambos resultados,

$$\bar{x} = 1$$

Calculando $\bar{y}$,

$$\rightarrow \bar{y} = \frac{\frac{1}{2}\int_0^{\pi/2} \sin^2(x) dx}{\int_0^{\pi/2} \sin(x)\, dx}$$

Integrando el numerador,

$$\rightarrow \frac{1}{2}\int_0^{\pi/2} \sin^2(x) dx$$

$$\rightarrow \frac{1}{4}\int_0^{\pi/2} [1 - \cos(2x)] dx$$

$$\rightarrow \frac{1}{4}[x - \frac{1}{2}\sin(2x)]_{0}^{\pi/2}$$

$$\frac{\pi}{8}$$

Dividiendo el numerador por el área calculado,

$$\bar{y} = \frac{\pi}{8}$$

El centroide es $C(1, \frac{\pi}{8})$.

Ejemplo 10-5: <u>Centroide</u>

Calcular $C(\bar{x}, \bar{y})$ de la función $y^2 = 1 - \frac{x^2}{25}, y = 0$.

Los límites de integración son $-5 \leq x \leq 5$. Estos valores se calcularon sustituyendo $y = 0$ en la función.

$$\bar{x} = \frac{\int_{-5}^{5} x \left(\sqrt{1 - \frac{x^2}{25}}\right) dx}{\int_{-5}^{5} \left(\sqrt{1 - \frac{x^2}{25}}\right) dx}$$

Integrando el numerador,

$$\rightarrow \int_{-5}^{5} x \left(\sqrt{1 - \frac{x^2}{25}}\right) dx$$

$$\rightarrow u = 1 - \frac{x^2}{25}; du = -\frac{2}{25}xdx$$

$$\rightarrow -\frac{25}{2}\int \sqrt{u}\, du$$

$$\rightarrow -\frac{25}{3}\left[\left(1 - \frac{x^2}{25}\right)^{3/2}\right]_{-5}^{5}$$

$$0$$

Por lo tanto, $\bar{x} = 0$. Ahora se resuelve para $\bar{y}$.

$$\bar{y} = \frac{\frac{1}{2}\int_{-5}^{5}\left(\sqrt{1-\frac{x^2}{25}}\right)^2 dx}{\int_{-5}^{5}\left(\sqrt{1-\frac{x^2}{25}}\right) dx}$$

Integrando el numerador,

$$\rightarrow \frac{1}{2}\int_{-5}^{5}\left(\sqrt{1-\frac{x^2}{25}}\right)^2 dx$$

$$\rightarrow \frac{1}{2}\left[x - \frac{x^3}{75}\right]_{-5}^{5}$$

$$\frac{10}{3}$$

Resolviendo el denominador,

$$\int_{-5}^{5}\left(\sqrt{1-\frac{x^2}{25}}\right) dx$$

Se realiza sustitución trigonométrica y se cambian los límites de integración.

$$\rightarrow x = 5\sin(\theta)\,;dx = 5\cos(\theta)\,d\theta$$

$$\rightarrow \theta(-5) = \sin^{-1}\left(\frac{-5}{5}\right) \rightarrow \theta = -\frac{\pi}{2}$$

$$\rightarrow \theta(5) = \sin^{-1}\left(\frac{5}{5}\right) \rightarrow \theta = \frac{\pi}{2}$$

$$\rightarrow 5\int_{-\pi/2}^{\pi/2}\left[\underbrace{\boldsymbol{\cos^2(\theta)}}_{\substack{Aplicando\ identidad \\ trigonométrica}}\right] d\theta$$

$$\rightarrow \frac{5}{2}\int_{-\pi/2}^{\pi/2}[1+\cos(2\theta)]d\theta$$

$$\rightarrow \frac{5}{2}\left[\theta+\frac{1}{2}\sin(2\theta)\right]_{-\pi/2}^{\pi/2}$$

$$\frac{5}{2}\pi$$

Dividiendo ambos resultados,

$$\bar{y}=\frac{4}{3\pi}$$

Calcular $C(\bar{x},\bar{y})$

1. $y=2-x^2, y=x$

2. Triángulo $(0,0),(2,0),(2,1)$

3. $y=\frac{1}{5}x, 1\leq x\leq 5$

4. $y=1-x^2, y=0$

5. $y=\sqrt{x}, 0\leq x\leq 4$

6. $y=x^2, y=4$

7. $y=\sqrt{1-(x-3)^2}, y=0$

8. $y=\cos(x), y=0, 0\leq x\leq \frac{\pi}{3}$

9. $y=\frac{a^2}{b}x^2, 0\leq x\leq a$

10. $y=4x, y=\frac{1}{2}x^2$

Respuestas

1. $C\left(-\frac{1}{2},\frac{2}{5}\right)$

2. $C\left(\frac{4}{3},\frac{1}{3}\right)$

3. $C\left(\frac{31}{9},\frac{31}{90}\right)$

4. $C\left(0,\frac{2}{5}\right)$

5. $C\left(\frac{12}{5},\frac{3}{4}\right)$

6. $C\left(0,\frac{6}{5}\right)$

7. $C\left(3,\frac{4}{3\pi}\right)$

8. $C\left(\frac{\pi\sqrt{3}-3}{3\sqrt{3}},\frac{4\pi+3\sqrt{3}}{24\sqrt{3}}\right)$

9. $C\left(\frac{3}{4}a,\frac{3a^4}{10b}\right)$

10. $C\left(4,\frac{64}{5}\right)$

11. CURVAS PARAMÉTRICA

Ejemplo 11-1: Curvas Paramétricas

Calcular la ecuación cartesiana de la curva paramétrica y las coordenadas de la partícula en $0 \leq t \leq 2$ segundos.

$$y = 20 + 25t;\ x = 4 + 5t;$$

Se empieza despejando para la variable t en ambas ecuaciones y luego se igualan las funciones.

$$\rightarrow y = 20 + 25t \rightarrow t = \frac{1}{25}(y - 20)$$

$$\rightarrow x = 4 + 5t \rightarrow t = \frac{1}{5}(x - 4)$$

$$\rightarrow \frac{1}{5}(x - 4) = \frac{1}{25}(y - 20)$$

$$y = 5x$$

Por lo tanto, la partícula se mueve en línea recta. La posición de la partícula cuando la misma se mueve de 0 a 2 segundos se calcula sustituyendo el tiempo en la ecuación original.

$$x(0) = 4 + 5(0) = 4$$

$$y(0) = 20 + 25(0) = 20$$

$$x(2) = 4 + 5(2) = 14$$

$$y(2) = 20 + 25(2) = 70$$

Por lo tanto, de cero a dos segundos la partícula se mueve en forma recta entre los puntos $(4,20)$ y $(14,70)$.

Ejemplo 11-2: Curvas Paramétricas

Calcular la ecuación cartesiana de la curva paramétrica y la posición de la partícula en el tiempo dado.

$$x = 5 + 3\cos(t)\,; \quad y = 2 + 3\sin(t)\,; \quad 0 \leq t \leq 2\pi$$

Se debe utilizar la identidad trigonométrica $\sin^2(t) + \cos^2(t) = 1$. Por lo tanto, se despeja para $\cos(t)$ y $\sin(t)$ y luego el resultado se sustituye en la identidad.

$$\cos(t) = \frac{1}{3}(x-5); \sin(t) = \frac{1}{3}(y-2)$$

Realizando la sustitución,

$$\rightarrow \left[\underbrace{\mathbf{\frac{1}{3}(x-5)}}_{\cos(t)}\right]^2 + \left[\underbrace{\mathbf{\frac{1}{3}(y-2)}}_{\sin(t)}\right]^2 = 1$$

$$(x-5)^2 + (y-2)^2 = 9$$

La partícula se mueve en forma circular con un centro de (5,2) y un radio de 3 unidades. La partícula da una vuelta entera al círculo de 0 a 2π.

Ejemplo 11-3: Curvas Paramétricas

Calcular la ecuación cartesiana de la curva paramétrica y posición de la partícula en el tiempo dado.

$$x = \frac{3}{2}\ln(t)\,; \; y = 4t + 1; 1 \leq t \leq 3$$

Se empieza despejando para la variable t y luego se igualan las ecuaciones.

$$\rightarrow \frac{2}{3}x = \ln(t) \rightarrow t = e^{\frac{2}{3}x}$$

$$\rightarrow t = \frac{1}{4}(y-1)$$

$$\rightarrow e^{\frac{2}{3}x} = \frac{1}{4}(y-1)$$

$$y = 4e^{\frac{2}{3}x} + 1$$

Por lo tanto, la partícula se mueve en forma exponencial. Calculando la posición de la partícula en tiempo 1 y 3,

$$x(1) = \frac{3}{2}\ln(1) = 0$$

$$x(3) = \frac{3}{2}\ln(3)$$

$$y(1) = 4(1) + 1 = 5$$

$$y(3) = 4(3) + 1 = 13$$

La partícula se movió de (0,5) hasta $\left[\frac{3}{2}\ln(3), 10\right]$.

Ejemplo 11-4: <u>Curvas Paramétrica</u>

Calcular la curva paramétrica de la elipse $\frac{x^2}{9} + \frac{y^2}{25} = 1$.

Se empieza dejando expresada la variable x y y en función de tiempo, $x = f(t)$ y $y = g(t)$. Se utiliza la identidad trigonométrica $\sin^2(t) + \cos^2(t) = 1$.

$$\underbrace{\frac{x^2}{9}}_{\cos^2(t)} + \underbrace{\frac{y^2}{25}}_{\sin^2(t)} = 1$$

Por lo tanto,

$$\cos^2(t) = \frac{x^2}{9} \rightarrow x = 3\cos(t)$$

$$\sin^2(t) = \frac{y^2}{25} \rightarrow y = 5\sin(t)$$

Ejercicios

Calcular la ecuación cartesiana de cada curva.

1. $x = \frac{1}{3}t - 1;\ \ y = \frac{4}{5}t + \frac{2}{3}; 0 \leq t \leq 1$

2. $x = t^2 - 1; y = 2t - 3; 0 \leq t \leq 2$

3. $x = 2\sin(t)\,; y = 2\cos(t)\,; 0 \leq t \leq 2\pi$

4. $x = 5\sin(t) + 1; y = 3\cos(t) - 2; 0 \leq t \leq 2\pi$

5. $x = \frac{1}{3}\ln(t)\,; y = 2t - 7; \frac{1}{2} \leq t \leq 2$

6. $x = 81 + \cos(t)\,; y = 64 + \sin(t); 0 \leq t \leq 2\pi$

7. $x = m + b\cos(t); y = k + h\sin(t); 0 \leq t \leq 2\pi$

8. $x = 8 - t^2; y = 5 - 6t; 0 \leq t \leq 1$

9. $x = \sqrt{1 - t}; y = t^3; 0 \leq t \leq 1$

10. $x = bt - a; y = at^2 - b^2; \frac{a}{b} \leq t \leq \frac{2a}{b}$

Respuestas

1. $y = \frac{12}{5}x + \frac{46}{15};\ \left(-1, \frac{2}{3}\right), \left(-\frac{2}{3}, \frac{22}{15}\right)$
2. $y = 2\sqrt{x + 1} - 3;\ (-1, -3), (3,1)$
3. $x^2 + y^2 = 4$; Vuelta completa
4. $\frac{(x-1)^2}{25} + \frac{(y+2)^2}{9} = 1$; Vuelta completa
5. $y = 2e^{3x} - 7; \left[\frac{1}{3}\ln\left(\frac{1}{2}\right), -6\right], \left[\frac{1}{3}\ln(2), -3\right]$
6. $(x - 81)^2 + (y - 64)^2 = 1$; Vuelta completa
7. $\frac{(x-m)^2}{b^2} + \frac{(y-k)^2}{h^2} = 1$; Vuelta completa
8. $y = 5 - 6\sqrt{8 - x}; (8,5), (7, -1)$
9. $y = (1 - x^2)^3; (1,0), (0,1)$
10. $y = \frac{a(x+a)^2}{b^2} - b^2; \left(0, \frac{a^3-b^4}{b^2}\right), \left(a, \frac{4a^3-b^4}{b^2}\right)$

12. CURVAS EN COORDENADAS POLARES

La fórmula para encontrar las coordenadas polares es:

$$x = r\,cos(\theta) \qquad y = r\,sin(\theta) \qquad r^2 = x^2 + y^2$$

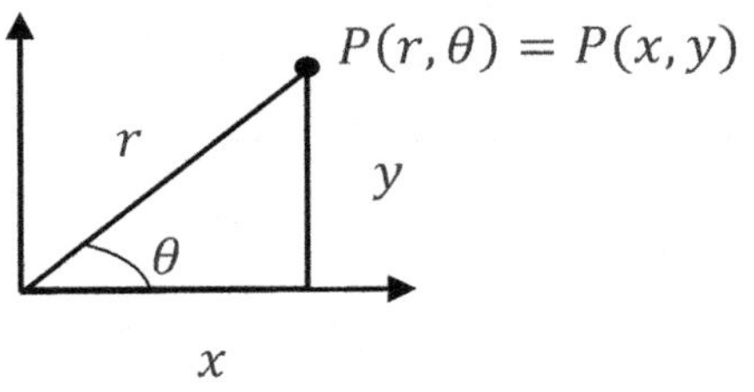

Las ecuaciones salen del triángulo rectángulo. La variable r es la distancia desde el polo (origen) hacia la coordenada polar.

Ejemplo 12-1: <u>Coordenadas Polares</u>

Convertir la ecuación al plano Cartesiana

$$r = 4\cos(\theta)$$

Se utiliza la ecuación $x = r\cos(\theta)$ y $r^2 = x^2 + y^2$ para resolver el problema. Se empieza multiplicando toda la ecuación por r.

$$\boldsymbol{r^2 = 4r\cos(\theta)}$$

Ahora se procede hacer la sustitución,

$$\rightarrow \underbrace{\boldsymbol{x^2 + y^2}}_{r^2} = \boldsymbol{4}\underbrace{\boldsymbol{x}}_{r\cos(\theta)}$$

$$x^2 - 4x + y^2 = 0$$

Completando al cuadrado,

$$\rightarrow x^2 - 4x + 4 + y^2 = 4$$

$$(x-2)^2 + y^2 = 4$$

Por lo tanto, la ecuación $r = 4\cos(\theta)$ es un círculo cuyo centro es (2,0) y tiene un radio de 2 unidades.

Ejemplo 12-2: Coordenadas Polares

Convertir la ecuación al plano Cartesiana.

$$r = \frac{2}{5 + \cos(\theta)}$$

Se empieza multiplicando $5 + \cos(\theta)$ en ambos lados de la ecuación.

$$\rightarrow 5r + r\cos(\theta) = 2$$

$$\mathbf{5r} = 2 - \boldsymbol{r\cos(\theta)}$$

Se sabe que $x = r\cos(\theta)$ y que $r^2 = x^2 + y^2 \rightarrow r = \sqrt{x^2 + y^2}$. Por lo tanto,

$$\rightarrow 5\underbrace{\sqrt{\boldsymbol{x^2 + y^2}}}_{r} = 2 - \underbrace{\boldsymbol{x}}_{r\cos(\theta)}$$

$$\rightarrow 25(x^2 + y^2) = (2 - x)^2$$

$$\rightarrow 25x^2 + 25y^2 = 4 - 4x + x^2$$

$$24x^2 + 4x + 25y^2 = 4$$

Ahora se completa al cuadrado.

$$\rightarrow 24\left(x + \frac{1}{12}\right)^2 + 25y^2 = \frac{25}{6}$$

$$\frac{144}{25}\left(x + \frac{1}{12}\right) + 6y^2 = 1$$

Por lo tanto, la ecuación es una elipse.

Ejemplo 12-3: Coordenadas Polares

Calcular la ecuación polar.

$$\frac{y^2}{16} - \frac{x^2}{25} = 1$$

Se empieza multiplicando la ecuación por el denominador común.

$$(\mathbf{16})(\mathbf{25})\left(\frac{y^2}{16}-\frac{x^2}{25}\right)=1(\mathbf{16})(\mathbf{25})$$

$$25\boldsymbol{y^2}-16\boldsymbol{x^2}=400$$

Ahora se sustituye $x = r\cos(\theta)$ y $y = r\sin(\theta)$.

$$25\underbrace{\boldsymbol{r^2\sin^2(\theta)}}_{y^2}-16\underbrace{\boldsymbol{r^2\cos^2(\theta)}}_{x^2}=400$$

Por lo tanto, la ecuación polar es:

$$r=\frac{20}{\sqrt{25\sin^2(\theta)-16\cos^2(\theta)}}$$

Ejercicios

Convertir la ecuación en forma Cartesiana.

1. $r = 4$

2. $r = \frac{1}{\sin(\theta)+\cos(\theta)}$

3. $r = \frac{6}{1+\cos(\theta)}$

Calcular la ecuación polar de la curva.

4. $y = x - 1$

5. $(x-2)^2 + y^2 = 4$

6. $x^2 + (y-5)^2 = 25$

7. $x^2 - y^2 = 225$

Respuestas

1. $x^2 + y^2 = 16$

2. $y = 1 - x$

3. $y = \sqrt{36-12x}$

4. $r = \frac{1}{\cos(\theta)-\sin(\theta)}$

5. $r = 4\cos(\theta)$

6. $r = 10\sin(\theta)$

7. $r = \frac{15}{\sqrt{\cos^2(\theta)-\sin^2(\theta)}}$

13. ÁREA EN COORDENADAS POLARES

La fórmula para calcular el área es la siguiente:

$$A = \frac{1}{2}\int_{a}^{b} r^2 d\theta$$

Ejemplo 13-1: Área Polares

Calcular el área de la curva polar.

$$r = 12$$

Se empieza convirtiendo la curva polar al plano cartesiano utilizando la fórmula $r^2 = x^2 + y^2$. Por lo tanto, la función representa un círculo cuyo centro es en el origen y tiene un radio de 12 unidades. Los límites de integración son de 0 a 2π.

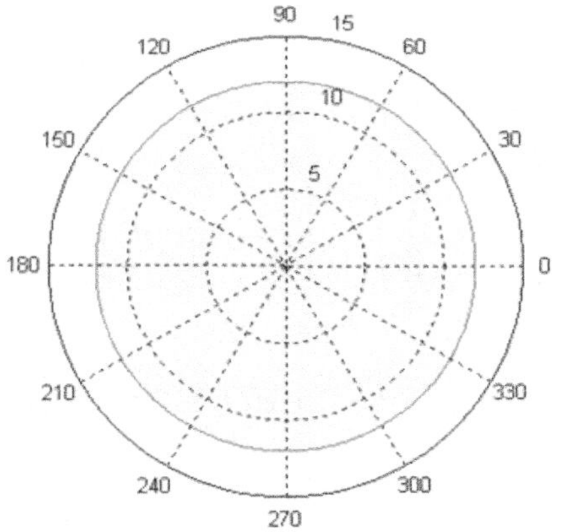

Calculando el área,

$$\rightarrow A = \frac{1}{2}\int_{0}^{2\pi} \Big(\underbrace{12}_{r}\Big)^2 d\theta$$

$$\rightarrow \frac{1}{2}[144\theta]_0^{2\pi}$$

$$A = 144\pi$$

Ejemplo 13-2: <u>Área Polares</u>

Calcular el área de la curva polar.

$$r = 1 - \sin(\theta)$$

Graficando la función se obtiene,

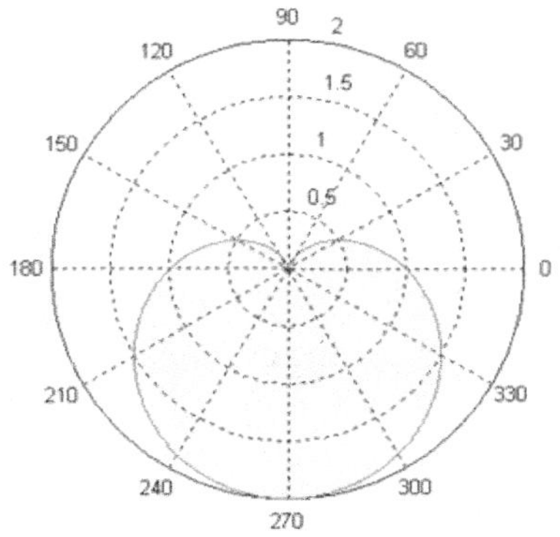

Los límites de integración son de 0 a 2π. Calculando el área,

$$\rightarrow A = \frac{1}{2}\int_0^{2\pi}\Big[\underbrace{1 - \sin(\theta)}_{r}\Big]^2 d\theta$$

$$\rightarrow \frac{1}{2}\int_0^{2\pi}[1 - 2\sin(\theta) + \sin^2(\theta)]d\theta$$

$$\rightarrow \frac{1}{2}\left[\frac{3}{2}\theta + 2\cos(\theta) - \frac{1}{4}\sin(2\theta)\right]_0^{2\pi}$$

$$A = \frac{3}{2}\pi$$

Ejemplo 13-3: <u>Área Polares</u>

Calcular el área de la región sombreada.

$$r = 1 + \sqrt{2}\sin(\theta)$$

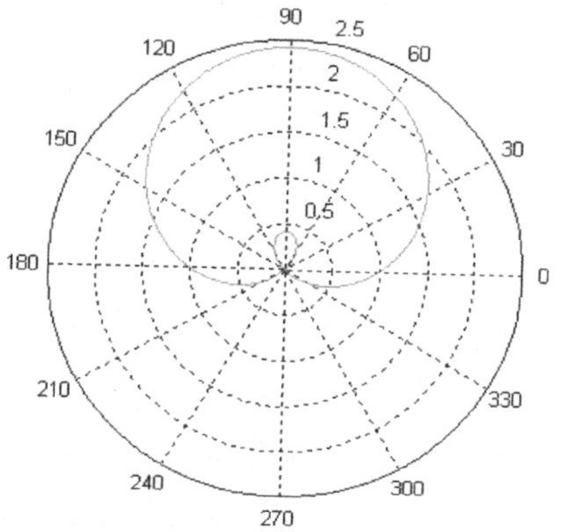

Se empieza igualando la función a cero para determinar los límites de integración.

$$\rightarrow 0 = 1 + \sqrt{2}\sin(\theta)$$

$$\rightarrow \theta = \sin^{-1}\left(-\frac{1}{\sqrt{2}}\right)$$

Por lo tanto, se calcula el área de la región entre $\frac{5}{4}\pi$ y $\frac{7}{4}\pi$. Resolviendo el problema,

$$A = \frac{1}{2}\int_{5\pi/4}^{7\pi/4} \left[1 + \sqrt{2}\sin(\theta)\right]^2 d\theta$$

$$= \frac{1}{2}\int_{5\pi/4}^{7\pi/4} [1 + 2\sqrt{2}\sin(\theta) + 2\sin^2(\theta)]d\theta$$

$$= \frac{1}{2}[2\theta - 2\sqrt{2}\cos(\theta) - \frac{1}{2}\sin(2\theta)]_{5\pi/4}^{7\pi/4}$$

$$A = \frac{1}{2}(\pi - 3)$$

Ejemplo 13-4: Área Polares

Calcular el área de la región sombreada.

$$r = 2\sin(3\theta)$$

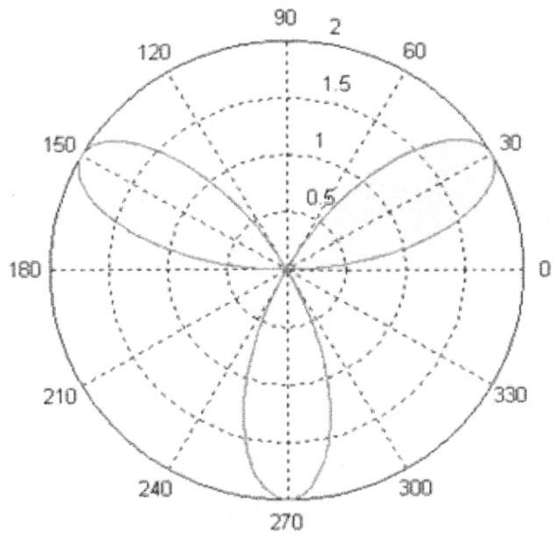

Se empieza igualando la función a cero para determinar los límites de integración.

$$0 = 2\sin(3\theta)$$

$$3\theta = \sin^{-1}(0)$$

$$0 \leq \theta \leq \frac{\pi}{3}$$

Resolviendo el problema,

$$A = \frac{1}{2}\int_0^{\pi/3} [2\sin(3\theta)]^2 d\theta$$

$$= \frac{1}{2}\int_0^{\pi/3} [4\sin^2(3\theta)]\, d\theta$$

$$= \int_0^{\pi/3} [1 - \cos(6\theta)] d\theta$$

$$= \theta - \frac{1}{6}\sin(6\theta) \,|_0^{\pi/3}$$

$$A = \frac{\pi}{3}$$

Ejercicios

Calcular el área de la región encerrada de la curva polar.

1. $r = 16$
2. $r = 3\sin(2\theta)\,, 0 \leq \theta \leq \frac{\pi}{2}$
3. $r = 1 - \cos\,(\theta)$
4. $r = 5\cos(3\theta)$
5. $r = \frac{1}{3}\sin(3\theta)\,, 0 \leq \theta \leq \frac{\pi}{3}$
6. $r = \cos\left(\frac{\theta}{2}\right), \pi \leq \theta \leq 3\pi$
7. $r = 16\cos(2\theta), \frac{\pi}{4} \leq \theta \leq \frac{3}{4}\pi$
8. $r = 4\sin(\theta)$
9. $r = \frac{1}{2}\sin\left(\frac{\theta}{7}\right)$
10. $r = 1 + \cos(\theta)\,, \pi \leq \theta \leq 3\pi$

Respuestas

1. 256π
2. $\frac{9}{8}\pi$
3. $\frac{3}{2}\pi$
4. $\frac{25}{12}\pi$
5. $\frac{\pi}{108}$
6. $\frac{\pi}{2}$
7. 32π
8. 8π
9. $\frac{7}{8}\pi$
10. $\frac{3}{2}\pi$

14. SERIES DE POTENCIAS

En este tema se calculará el intervalo de convergencia de cada serie de potencia (también conocida como serie geométrica). La fórmula de una serie de potencia es $\lim_{n\to\infty}\left|\frac{a_{n+1}}{a_n}\right|$, donde los intervalos de convergencia son $(-1,1)$.

Ejemplo 14-1: Serie de Potencia

Calcular el intervalo de convergencia de la siguiente serie de potencia,

$$\sum_{n=0}^{\infty}\frac{x^n}{5^n(n^2)}$$

Se utiliza la fórmula $\lim_{n\to\infty}\left|\frac{a_{n+1}}{a_n}\right|$ en donde se empieza calculando el numerador, a_{n+1}, luego el denominador, a_n,y finalmente se realiza la división y se calcula el límite. Para calcular a_{n+1} se debe sustituir $n+1$ en la variable n.

$$a_{n+1}=\frac{x^{n+1}}{5^{n+1}(n+1)^2}$$

Calculando el denominador,

$$a_n=\frac{x^n}{5^n(n^2)}$$

Calculando el límite,

$$\to \lim_{n\to\infty}\left|\left[\frac{x^{n+1}}{5^{n+1}(n+1)^2}\right]\left[\frac{5^n(n^2)}{x^n}\right]\right|$$

$$\to \lim_{n\to\infty}\left|\left(\frac{x}{5}\right)\left[\frac{n^2}{(n+1)^2}\right]\right|$$

$$\to \frac{1}{5}|x|$$

$$\to -1<\frac{1}{5}x<1$$

$$(-5,5)$$

Ejemplo 14-2: **Serie de Potencia**

Calcular el intervalo de convergencia de la serie de potencia.

$$\sum_{n=0}^{\infty} \frac{4^n}{n+1}(7x-1)^n$$

Determinando a_{n+1} y a_n,

$$\rightarrow a_{n+1} = \frac{4^{n+1}}{n+2}(7x-1)^{n+1}$$

$$a_n = \frac{4^n}{n+1}(7x-1)^n$$

Por lo tanto,

$$\rightarrow \lim_{n\rightarrow\infty}\left|\left[\frac{4^{n+1}(7x-1)^{n+1}}{n+2}\right]\left[\frac{n+1}{4^n(7x-1)^n}\right]\right|$$

$$\rightarrow \lim_{n-\infty}\left|\left[\frac{4(7x-1)}{n+2}\right](n+1)\right|$$

$$\rightarrow |28x-4|$$

$$\rightarrow -1 \leq |28x-4| \leq 1$$

$$\left(\frac{3}{28}, \frac{5}{28}\right)$$

Ejemplo 14-3: **Serie de Potencia**

Calcular el intervalo de convergencia de la serie de potencia.

$$\sum_{n=0}^{\infty} \frac{16^n}{n!}x^n$$

Determinando a_{n+1} y a_n,

$$\rightarrow a_{n+1} = \frac{16^{n+1}}{(n+1)!}x^{n+1}$$

$$a_n = \frac{16^n}{n!} x^n$$

Aplicando la fórmula $\lim_{n\to\infty} \left|\frac{a_{n+1}}{a_n}\right|$,

$$\lim_{n\to\infty} \left| \left[\frac{(16^{n+1})(x^{n+1})}{(n+1)!}\right] \left[\frac{n!}{(16^n)(x^n)}\right] \right|$$

Por definición, $n! = n(n + 1)!$. Por lo tanto,

$$\to \lim_{n\to\infty} \left| \left[\frac{(16^{n+1})(x^{n+1})}{(n+1)!}\right] \left[\frac{\boldsymbol{n(n+1)!}}{(16^n)(x^n)}\right] \right|$$

$$\to \lim_{n\to\infty} |16xn|$$

$$(-\infty, \infty)$$

Ejercicios

Calcular el intervalo de convergencia de la serie de potencia.

1. $\sum_{n=0}^{\infty} x^n n^2$
2. $\sum_{n=0}^{\infty} \frac{2^n(4x-1)^n}{n+5}$
3. $\sum_{n=0}^{\infty} \frac{3^n x^n}{n!}$
4. $\sum_{n=0}^{\infty} \frac{5^n x^n}{2n+1}$
5. $\sum_{n=1}^{\infty} \frac{7^n(x-2)^n}{n}$
6. $\sum_{n=0}^{\infty} \frac{(x+4)^n}{n!}$
7. $\sum_{n=0}^{\infty} 2^n n^2 (x-1)^n$
8. $\sum_{n=0}^{\infty} n^2 (x-8)^n$
9. $\sum_{n=0}^{\infty} \frac{5^n(x-6)^n}{n!}$
10. $\sum_{n=1}^{\infty} \frac{(x-4)^n}{2^n(n)}$

Respuestas

1. $(-1,1)$
2. $\left(\frac{1}{8},\frac{3}{8}\right)$
3. $(-\infty,\infty)$
4. $\left(-\frac{1}{5},\frac{1}{5}\right)$
5. $\left(\frac{13}{7},\frac{15}{7}\right)$
6. $(-\infty,\infty)$
7. $\left(\frac{1}{2},\frac{3}{2}\right)$
8. $(7,9)$
9. $(-\infty,\infty)$
10. $(2,6)$

15. SERIES DE MACLAURIN Y TAYLOR

En esta sección se explicará la Serie de Taylor y de Maclaurin. La fórmula de la Serie de Taylor que aproxima una función es la siguiente:

$$f(x) = \sum_{n=0}^{\infty} \frac{f^{(n)}(a)}{n!}(x-a)^n$$

Por lo tanto,

$$\rightarrow T_n(x) = \sum_{i!}^{n} \frac{f^{(i)}(a)}{i!}(x-a)^i$$

$$f(a) + \frac{f'(a)}{1!}(x-a) + \frac{f''(a)}{2!}(x-a)^2 + \cdots + \frac{f^{(n)}(a)}{n!}(x-a)^n$$

Para las Series de Maclaurin,

- $\frac{1}{1-x} = \sum_{n=0}^{\infty} x^n = 1 + x + x^2 + x^3 + \cdots, R = 1$
- $e^x = \sum_{n=0}^{\infty} \frac{x^n}{n!} = 1 + \frac{x}{1!} + \frac{x^2}{2!} + \frac{x^3}{3!} + \cdots, R = \infty$
- $\cos(\mathrm{x}) = \sum_{n=0}^{\infty} \frac{(-1)^n(x^{2n})}{(2n)!} = 1 - \frac{x^2}{2!} + \frac{x^4}{4!} - \frac{x^6}{6!} + \cdots, R = \infty$
- $\sin(x) = \sum_{n=0}^{\infty} \frac{(-1)^n}{(2n+1)!} \cdot x^{2n+1} = x - \frac{x^3}{3!} + \frac{x^5}{5!} - \frac{x^7}{7!} + \cdots, R = \infty$
- $\tan^{-1}(x) = \sum_{n=0}^{\infty} \frac{(-1)^n}{2n+1} \cdot x^{2n+1} = x - \frac{x^3}{3} + \frac{x^5}{5} - \frac{x^7}{7} + \cdots, R = 1$
- $\ln(1+x) = \sum_{n=1}^{\infty} (-1)^{n-1} \cdot \frac{x^n}{n} = x - \frac{x^2}{2} + \frac{x^3}{3} - \frac{x^4}{4} + \cdots, R = 1$
- $(1+x)^k = \sum_{n=0}^{\infty} \binom{k}{n} x^n = 1 + kx + \frac{k(k-1)}{2!}x^2 + \frac{k(k-1)(k-2)}{3!}x^3 + \cdots, R = 1$

Ejemplo 15-1: Serie de Taylor

Calcular la Serie de Taylor.

$$f(x) = \frac{1}{\frac{1}{5}x + 1}; a = 0, n = \infty$$

Se empieza derivando la función hasta la tercera o cuarta derivada con el propósito de encontrar el patrón en el resultado de cada derivada. Se recomienda hacer una tabla que contenga la cantidad de derivadas, n, la derivada de la función, $f^{(n)}(a)$, y el resultado de la derivada al sustituir el valor de a.

$n = 0$	$f(x) = \left(\frac{1}{5}x + 1\right)^{-1}$	$f(0) = 1$
$n = 1$	$f'(x) = (-1)\left(\frac{1}{5}\right)\left(\frac{1}{5} + 1\right)^{-2}$	$f'(0) = 1$
$n = 2$	$f''(x) = (-1)^2(2)\left(\frac{1}{5}\right)^2\left(\frac{1}{5}x + 1\right)^{-3}$	$f''(0) = 1$
$n = 3$	$f'''(x) = (-1)^3(2)(3)\left(\frac{1}{5}\right)^3\left(\frac{1}{5}x + 1\right)^{-4}$	$f'''(0) = 1$

Se recomienda no hacer la aritmética luego de cada derivada para así poder encontrar el patrón en cada resultado. Se observa que cuando $n = 1$, el exponente del -1 es elevado a la 1, cuando $n = 2$ el exponente es 2 y cuando $n = 3$ el exponente es 3. Por lo tanto, el mismo valor de n es el valor del exponente: $\boldsymbol{(-1)^n}$. El mismo patrón se observa con el $\frac{1}{5}$, por lo tanto, $\boldsymbol{\left(\frac{1}{5}\right)^n}$. También se observa que en $n = 1$ toda la derivada se multiplica por 1, cuando $n = 2$ aparece un 2 en el resultado y en $n = 3$ está el 2 y el 3 que multiplicado da 6. Lo que significa que se está calculando el factorial del valor de n, el cual resulta ser $\boldsymbol{n!}$ Por último, cuando se evalúan las derivadas cuando $a = 0$ el resultado es 1. Por lo tanto, $\boldsymbol{f^{(n)}(a) = 1}$.

Sustituyendo los resultados,

$$\rightarrow f(x) = \sum_{n=0}^{\infty} \frac{f^{(n)}(a)}{n!}(x - a)^n$$

$$\rightarrow \sum_{n=0}^{\infty} \left(\frac{\mathbf{1}}{\mathbf{5}}\right)^{\boldsymbol{n}} \frac{(-\mathbf{1})^{\boldsymbol{n}}(\mathbf{1})(\boldsymbol{n}!)}{n!}(x-0)^n$$

$$f(x) = \frac{1}{\frac{1}{5}x+1} = \sum_{n=0}^{\infty} \frac{(-1)^n}{(5)^n} x^n$$

Ejemplo 15-2: <u>Serie de Taylor</u>

Calcular la Serie de Taylor.

$$f(x) = \cos\left(\frac{1}{4}x\right), a = 0, n = \infty$$

Se empieza por encontrar el patrón que define la serie.

$n = 0$	$f(x) = \cos\left(\frac{1}{4}x\right)$	$f(0) = 1$
$n = 1$	$f'(x) = (-1)\left(\frac{1}{4}\right)\sin\left(\frac{1}{4}x\right)$	$f'(0) = 0$
$n = 2$	$f''(x) = (-1)\left(\frac{1}{4}\right)^2 \cos\left(\frac{1}{4}x\right)$	$f''(0) = -\left(\frac{1}{4}\right)^2$
$n = 3$	$f'''(x) = (-1)^2\left(\frac{1}{4}\right)^3 \sin\left(\frac{1}{4}x\right)$	$f'''(0) = 0$
$n = 4$	$f^{(4)}(x) = (-1)^2\left(\frac{1}{4}\right)^4 \cos\left(\frac{1}{4}x\right)$	$f^{(4)}(0) = \left(\frac{1}{4}\right)^4$

El resultado se puede expresar de la siguiente manera,

$$\rightarrow f(a) + \frac{f'(a)}{1!}(x-a) + \frac{f''(a)}{2!}(x-a)^2 + \cdots + \frac{f^{(n)}(a)}{n!}(x-a)^n$$

$$1 + 0x - \left(\frac{1}{4}\right)^2 \frac{x^2}{2!} + \frac{0x^3}{3!} + \left(\frac{1}{4}\right)^4 \frac{x^4}{4!} + \frac{0x^5}{5!} - \left(\frac{1}{4}\right)^6 \frac{x^6}{6!}$$

Note que se llevó hasta la sexta derivada para poder encontrar el patrón de la serie. Ahora simplificando el resultado,

$$1-\left(\frac{1}{4}\right)^2\left(\frac{x^2}{2!}\right)+\left(\frac{1}{4}\right)^4\left(\frac{x^4}{4!}\right)-\left(\frac{1}{4}\right)^6\left(\frac{x^6}{6!}\right)$$

Ahora se analiza el resultado obtenido para resolver el problema.

$$\underbrace{1}_{n=0}-\underbrace{\left(\frac{1}{4}\right)^2\left(\frac{x^2}{2!}\right)}_{n=1}+\underbrace{\left(\frac{1}{4}\right)^4\left(\frac{x^4}{4!}\right)}_{n=2}-\underbrace{\left(\frac{1}{4}\right)^6\left(\frac{x^6}{6!}\right)}_{n=3}$$

El valor n no tiene el mismo orden como se ilustra en la tabla anterior y eso es debido a que hay ocasiones donde $f^{(n)}(a)=0$. Por tal razón el resultado de la tabla se dejó expresado de forma $f(a)+\frac{f'(a)}{1!}(x-a)+\frac{f''(a)}{2!}(x-a)^2+\cdots+\frac{f^{(n)}(a)}{n!}(x-a)^n$. En el ejemplo 15-1, no se realizó dicho paso ya que no hubo un $f^{(n)}(a)=0$. Por lo tanto, ahora se debe buscar la correlación entre el resultado obtenido con el valor de n.

Se observa que el término es negativo en $n=1$ y $n=3$ (no los valores de la tabla). Si se continúa derivando y simplificando el resultado, se llegaría a que en $n=5$ el término también sería negativo. Lo que indica que cuando el valor n es un número impar el término resulta negativo. En cambio, si n es par, entonces el término es positivo. Por lo tanto, $\boldsymbol{(-1)^n}$. El otro patrón que se observa es que el exponente del $\frac{1}{4}$ es el doble del valor n, por lo que indica que $\boldsymbol{\left(\frac{1}{4}\right)^{2n}}$. El mismo patrón se repite con el exponente la variable x. Por lo tanto, $\boldsymbol{x^{2n}}$. Finalmente, el factorial es el doble del valor n, en el cual se concluye que $\boldsymbol{(2n)!}$.

El resultado final sería,

$$\sum_{n=0}^{\infty}\frac{(-1)^n}{4^{2n}(2n)!}\cdot x^{2n}$$

Ejemplo 15-3: <u>**Serie de Maclaurin**</u>

Calcular la Serie de Maclaurin.

$$f(x)=x^5\tan^{-1}\left(\frac{3}{4}x\right)$$

Para resolver el problema, se utiliza la siguiente serie de Maclaurin:

$$\tan^{-1}(x)=\sum_{n=0}^{\infty}\frac{(-1)^n}{2n+1}\cdot x^{2n+1}=x-\frac{x^3}{3}+\frac{x^5}{5}-\frac{x^7}{7}+\cdots$$

Dentro de la tangente inversa del problema original se encuentra $\frac{3}{4}x$. Lo que indica que se debe sustituir el $\frac{3}{4}x$ en la variable x que se encuentra en la serie. El cual resultaría $\left(\frac{3}{4}x\right)^{2n+1}$. Este resultado se puede expresar de forma $\frac{(3^{2n+1})(x^{2n+1})}{(4^{2n+1})}$ con el propósito de simplificar términos en los futuros pasos. Por lo tanto,

$$\sum_{n=0}^{\infty}(-1)^n \frac{(3^{2n+1})(x^{2n+1})}{(4^{2n+1})(2n+1)}$$

Ahora se añade el x^5 a la serie.

$$\sum_{n=0}^{\infty}(-1)^n \left[\frac{(3^{2n+1})(x^{2n+1})}{(4^{2n+1})(2n+1)}\right](x^5)$$

Para finalizar el problema, se suma los exponentes de la variable x

$$\sum_{n=0}^{\infty}(-1)^n \left[\frac{(3^{2n+1})}{(4^{2n+1})(2n+1)}\right](x^{2n+6})$$

Ejemplo 15-4: <u>Serie de Maclaurin</u>

Calcular la Serie de Maclaurin.

$$f(x) = x^7 \ln(1+5x)$$

La fórmula estándar es:

$$\ln(1+x) = \sum_{n=1}^{\infty}(-1)^{n-1} \cdot \frac{x^n}{n} = x - \frac{x^2}{2} + \frac{x^3}{3} - \frac{x^4}{4} + \cdots$$

Se observa que hay un $5x$ dentro del logaritmo natural del problema original. Lo que significa que se debe sustituir el $5x$ en la variable x de la sumatoria. Por lo tanto,

$$\sum_{n=1}^{\infty}(-1)^{n-1} \cdot \frac{(5x)^n}{n}$$

Finalmente, se le añade el x^7a la sumatoria.

$$\rightarrow \sum_{n=1}^{\infty} (-1)^{n-1} \cdot \frac{(5x)^n}{n} \cdot \boldsymbol{x^5}$$

$$\sum_{n=1}^{\infty} (-1)^{n-1} \cdot \frac{5^n (x^{n+5})}{n}$$

Ejercicios

Calcular la serie de Taylor.

1. $f(x) = \sin\left(\frac{1}{2}x\right), a = \pi, n = \infty$

2. $f(x) = e^{5x}, a = 0, n = \infty$

3. $f(x) = \ln\left(1 + \frac{2}{5}x\right), a = 0, n = \infty$

4. $f(x) = (2x + 3)^{-1}, a = 0, n = \infty$

5. $f(x) = \cos(4x), a = \frac{\pi}{4}, n = \infty$

Calcular la serie de Maclaurin.

6. $f(x) = x^9 \sin(3x^4)$

7. $f(x) = x^{-3} e^{7x}$

8. $f(x) = x^2 \tan^{-1}\left(\frac{\pi}{3}x\right)$

9. $f(x) = x^2 \cos\left(\frac{x}{25}\right)$

10. $f(x) = \ln(25x + 1)$

Respuestas

1. $\sum_{n=0}^{\infty} \frac{(-1)^n}{(2^{2n})(2n)!} \cdot (x - \pi)^{2n}$

2. $\sum_{n=0}^{\infty} 5^n \frac{x^n}{n!}$

3. $\sum_{n=1}^{\infty} (-1)^{n-1} \cdot \frac{(2^n)(x^n)}{(5^n)(n)}$

4. $\sum_{n=0}^{\infty} (-1)^n \cdot \frac{(2^n)(x^n)}{3^{n+1}}$

5. $\sum_{n=0}^{\infty} (-1)^{n+1} \cdot \frac{(4^{2n})\left(x - \frac{\pi}{4}\right)^{2n}}{(2n)!}$

6. $\sum_{n=0}^{\infty} (-1)^n \cdot \frac{(3^{2n+1})(x^{8n+13})}{(2n+1)!}$

7. $\sum_{n=0}^{\infty} (7^n) \cdot \frac{x^{n-3}}{n!}$

8. $\sum_{n=0}^{\infty} (-1)^n \cdot \left(\frac{\pi}{3}\right)^{2n+1} \cdot \frac{x^{2n+3}}{2n+1}$

9. $\sum_{n=0}^{\infty} \frac{(-1)^n (x^{2n+2})}{(25^{2n})[(2n)!]}$

10. $\sum_{n=1}^{\infty} (-1)^{n-1} \cdot \frac{(25^n)(x^n)}{n}$

16. APLICACIONES DE LA SERIE DE TAYLOR

En este tema se utilizará el método del Polinomio de Taylor para aproximar una función. Una función expresada en la serie de Taylor sería:

$$f(x) = \sum_{n=0}^{\infty} \frac{f^{(n)}(a)}{n!}(x-a)^n$$

Por lo tanto,

$$T_n(x) = \sum_{i!}^{n} \frac{f^{(i)}(a)}{i!}(x-a)^i$$

$$f(a) + \frac{f'(a)}{1!}(x-a) + \frac{f''(a)}{2!}(x-a)^2 + \cdots + \frac{f^{(n)}(a)}{n!}(x-a)^n$$

Ejemplo 16-1: Aplicaciones de la Serie de Taylor

Calcular el Polinomio de Taylor.

$$f(x) = \sin(2x)\,; a = 0; n = 4$$

El valor de la variable n determina la cantidad de derivadas que se debe realizar a la función y el valor de la variable a es el número con que se va a evaluar la derivada.

$\boldsymbol{n}$	$\boldsymbol{f^{(n)}(x)}$	$\boldsymbol{f^{(n)}(a)}$
0	$\sin(2x)$	0
1	$2\cos(2x)$	2
2	$(-1)(2^2)\sin(2x)$	0
3	$(-1)(2^3)\cos(2x)$	-8
4	$(-1)^2(2^4)\sin(2x)$	0

Ahora se sustituye los resultados de forma $f(a)+\frac{f'(a)}{1!}(x-a)+\frac{f''(a)}{2!}(x-a)^2+\cdots+\frac{f^{(n)}(a)}{n!}(x-a)^n$.

$$\rightarrow 0+\frac{2}{1!}(x-0)+\frac{0}{2!}(x-0)^2-\frac{8}{3!}(x-0)^3+\frac{0}{4!}(x-0)^4$$

$$2x-\frac{4}{3}x^3$$

Ejemplo 16-2: **<u>Aplicaciones de la Serie de Taylor</u>**

Calcular el Polinomio de Taylor.

$$f(x)=\ln(x+1)\,;a=0;n=4$$

Se empieza creando la tabla.

$\boldsymbol{n}$	$\boldsymbol{f^{(n)}(x)}$	$\boldsymbol{f^{(n)}(a)}$
$n=0$	$f(x)=\ln(x+1)$	$f(0)=0$
$n=1$	$f'(x)=\frac{1}{x+1}$	$f'(0)=1$
$n=2$	$f''(x)=-\frac{1}{(x+1)^2}$	$f''(0)=-1$
$n=3$	$f'''(x)=\frac{2}{(x+1)^3}$	$f'''(0)=2$
$n=4$	$f^{(4)}(x)=-\frac{6}{(x+1)^4}$	$f^{(4)}(0)=-6$

Luego de sustituir los resultados de forma $f(a)+\frac{f'(a)}{1!}(x-a)+\frac{f''(a)}{2!}(x-a)^2+\cdots+\frac{f^{(n)}(a)}{n!}(x-a)^n$, el resultado final sería,

$$x-\frac{1}{2}x^2+\frac{1}{3}x^3-\frac{1}{4}x^4$$

Ejemplo 16-3: <u>Aplicaciones de la Serie de Taylor</u>

Calcular el Polinomio de Taylor.

$$f(x) = \cos(4x)\,; a = \frac{\pi}{2}; n = 3$$

Realizando la tabla,

$n = 0$	$f(x) = \cos\,(4x)$	$f\left(\frac{\pi}{2}\right) = 1$
$n = 1$	$f'(x) = -4\sin\,(4x)$	$f'\left(\frac{\pi}{2}\right) = 0$
$n = 2$	$f"(x) = (-1)(4^2)\cos\,(4x)$	$f"\left(\frac{\pi}{2}\right) = -16$
$n = 3$	$f'''(x) = (-1)^2(4^3)\sin\,(4x)$	$f'''\left(\frac{\pi}{2}\right) = 0$

Por lo tanto,

$$1 - 8\left(x - \frac{\pi}{2}\right)^2$$

Ejemplo 16-4: <u>Aplicaciones de la Serie de Taylor</u>

Calcular el Polinomio de Taylor.

$$f(x) = x^3 - 3x^2 + 2x + 4; a = 1; n = 3$$

$n = 0$	$f(x) = x^3 - 3x^2 + 2x + 4$	$f(1) = 4$
$n = 1$	$f'(x) = 3x^2 - 6x + 2$	$f'(1) = -1$
$n = 2$	$f"(x) = 6x - 6$	$f"(1) = 0$
$n = 3$	$f'''(x) = 6$	$f'''(1) = 6$

El resultado final sería,

$$4 - (x - 1) + (x - 1)^3$$

Ejercicios

1. $f(x) = \sin(x)\,; a = \frac{\pi}{2}; n = 4$
2. $f(x) = \ln(x-1)\,; a = 2; n = 3$
3. $f(x) = x^4 - 3x^2 + 4; a = 2; n = 4$
4. $f(x) = \cos(2x)\,; a = \frac{\pi}{3}; n = 5$
5. $f(x) = \sqrt{2x+1}; a = 0; n = 3$
6. $f(x) = \tan(x)\,; a = \frac{\pi}{3}; n = 3$
7. $f(x) = e^{2x};\ a = 0; n = 6$
8. $f(x) = (3x^2 - 2)^2; a = 1; n = 3$
9. $f(x) = x\sin(2x); a = \pi; n = 4$
10. $f(x) = \ln(\sqrt{x})\,; a = 1; n = 3$

Respuestas

1. $1 - \frac{1}{2}\left(x - \frac{\pi}{2}\right)^2 + \frac{1}{24}\left(x - \frac{\pi}{2}\right)^4$
2. $x - 2 - \frac{1}{2}(x-2)^2 + \frac{1}{3}(x-2)^3$
3. $8 + 20(x-2) + 21(x-2)^2 + 8(x-2)^3 + (x-2)^4$
4. $-\frac{1}{2} - \sqrt{3}\left(x - \frac{\pi}{3}\right) + \left(x - \frac{\pi}{3}\right)^2 + \frac{2}{\sqrt{3}}\left(x - \frac{\pi}{3}\right)^3 - \frac{1}{3}\left(x - \frac{\pi}{3}\right)^4 - \frac{2}{5\sqrt{3}}\left(x - \frac{\pi}{3}\right)^5$
5. $1 + x - \frac{1}{2}x^2 + \frac{1}{2}x^3$
6. $\sqrt{3} + 4\left(x - \frac{\pi}{3}\right) + 4\sqrt{3}\left(x - \frac{\pi}{3}\right)^2 + \frac{(40)}{3}\left(x - \frac{\pi}{3}\right)^3$
7. $1 + 2x + 2x^2 + \frac{4}{3}x^3 + \frac{2}{3}x^4 + \frac{4}{15}x^5 + \frac{4}{45}x^6$
8. $1 + 12(x-1) + 42(x-1)^2 + 36(x-1)^3$
9. $2\pi(x-\pi) + 2(x-\pi)^2 - \frac{4}{3}\pi(x-\pi)^3 - \frac{4}{3}(x-\pi)^4$
10. $-\frac{1}{2} + \frac{1}{2}x - \frac{1}{4}(x-1)^2 + \frac{1}{6}(x-1)^3$

17. COORDENADAS CARTESIANAS EN 3 DIMNESIONES

Las coordenadas de tres dimensiones se trabajan de manera similar que las de dos dimensiones. Se agrega el eje de z el cual sale del origen y es perpendicular al eje de x y al eje de y. Las coordenadas en tres dimensiones son (x, y, z). Por lo tanto, existen tres planos: plano xy, plano yz, plano xz. En el cual, el plano xy, $z = 0$; en el plano yz, $x = 0$; en el plano xz, $y = 0$.

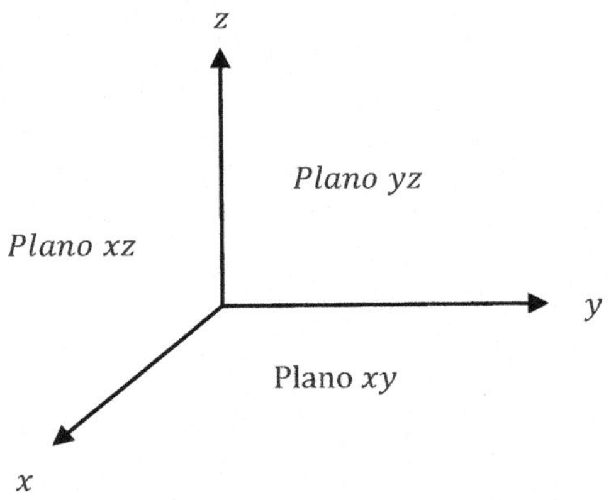

Ejemplo 17-1: Coordenadas en 3-Dimensiones

Calcular la distancia entre los puntos $P(1,3,2)\ y\ Q(-1,0,5)$.

La fórmula de distancia en tres dimensiones es la siguiente:

$$|P_1P_2| = \sqrt{(x_2 - x_1)^2 + (y_2 - y_1)^2 + (z_2 - z_1)^2}$$

Para este problema,

$$P\left(\underbrace{1}_{x_1}, \underbrace{3}_{y_1}, \underbrace{2}_{z_1}\right), Q\left(\underbrace{-1}_{x_2}, \underbrace{0}_{y_2}, \underbrace{5}_{z_2}\right)$$

Sustituyendo los valores en la fórmula,

$$\rightarrow |PQ| = \sqrt{(-1-1)^2 + (0-3)^2 + (5-2)^2}$$

$$\sqrt{22}$$

Ejemplo 17-2: **Coordenadas en 3-Dimensiones**

Calcular el centro y el radio de la siguiente esfera.

$$x^2 + y^2 + z^2 - 6x + 2y + 10z = 14$$

La ecuación de la esfera es la siguiente:

$$(x - h)^2 + (y - k)^2 + (z - l)^2 = r^2$$

$$C(h, k, l); radio = r$$

Se empieza completando al cuadrado.

$$(x^2 - 6x + \mathbf{9}) + (y^2 + 2y + \mathbf{1}) + (z^2 + 10z + \mathbf{25}) = 14 + \mathbf{9} + \mathbf{1} + \mathbf{25}$$

$$(x - 3)^2 + (y + 1)^2 + (z + 5)^2 = 49$$

$$C(3, -1, -5); r = 7$$

Ejemplo 17-3: **Coordenadas en 3-Dimensiones**

Graficar la siguiente ecuación.

$$x + y + z = 3$$

Se comienza igualando una de las variables a cero y se grafica la función en ese plano.

1. La ecuación en el plano xz es $\boldsymbol{z + x = 3}$ en donde $y = 0$. Los interceptos de la función son $z = 3$ y $x = 3$

2. La ecuación en el plano yz es $\boldsymbol{z + y = 3}$ en donde $x = 0$. Los interceptos de la función son $z = 3$ y $y = 3$

3. La ecuación en el plano xy es $\boldsymbol{x + y = 3}$ en donde $z = 0$. Los interceptos de la función son $y = 3$ y $x = 3$.

Graficando las funciones,

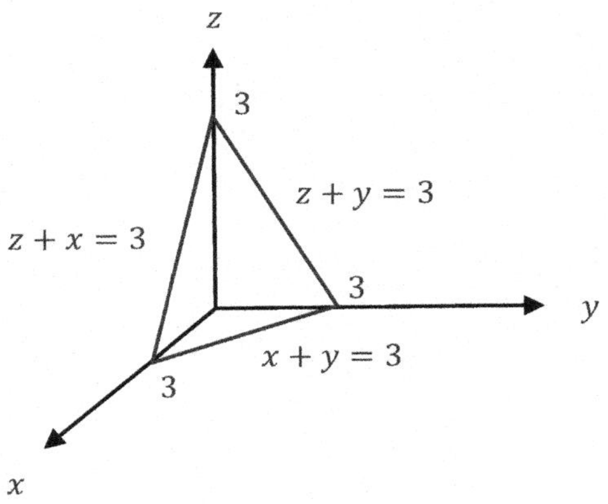

Ejercicios

Calcular la distancia entre los puntos.

1. $P(2,1,0), Q(-2,0,3)$

2. $P(-3,4,1), Q(2,3,4)$

3. $P(4,7,-5), Q(4,3,-5)$

Calcular el centro y el radio de la esfera.

4. $x^2 + y^2 + z^2 - 2y + 4z = 11$

5. $x^2 + y^2 + z^2 - \frac{1}{2}x + \frac{1}{3}y - z = 1$

6. $x^2 + y^2 + z^2 + 2y = 3$

7. $4x^2 + 4y^2 + 4z^2 + 16x + 32y - 28z - 40 = 0$

Graficar las siguientes ecuaciones.

8. $x^2 + y^2 + z^2 = 9$; Primer cuadrante

9. $x = 3$

10. $x + 2y + z = 2$

Respuestas

1. $\sqrt{26}$

2. $\sqrt{35}$

3. 4

4. $C(0,1,-2); r = 4$

5. $C\left(\frac{1}{4}, -\frac{1}{6}, \frac{1}{2}\right); r = \frac{\sqrt{193}}{12}$

6. $C(0,-1,0); r = 2$

7. $C\left(-2,-4,\frac{7}{2}\right); r = \frac{13}{2}$

8.

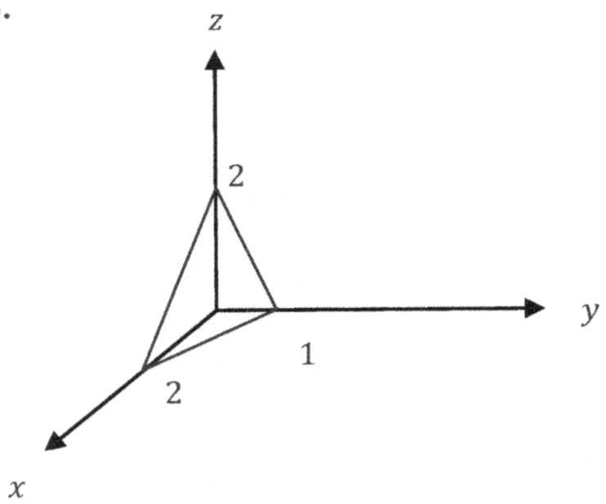

9.

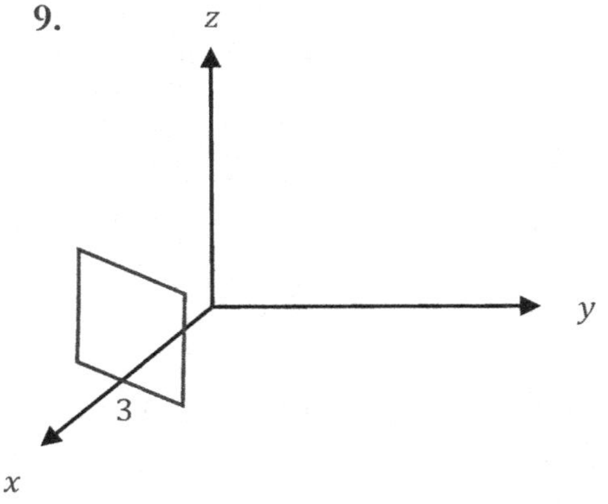

10.

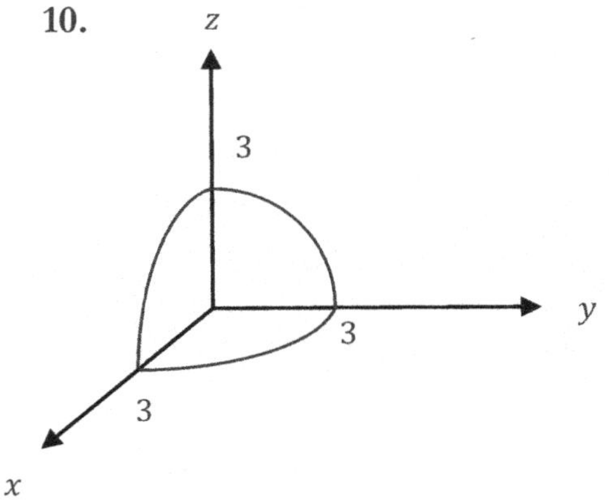

18. VECTORES

Un vector se puede expresar de la siguiente manera: $\boldsymbol{a} = \langle a_1, a_2, a_3 \rangle$, $\vec{\boldsymbol{a}} = \langle a_1, a_2, a_3 \rangle$ o $\boldsymbol{a} = a_1\boldsymbol{i} + a_2\boldsymbol{j} + a_3\boldsymbol{k}$. Las variables $\boldsymbol{i}, \boldsymbol{j}$ y $\boldsymbol{k}$ representan los componentes en x, y, z, respectivamente.

Ejemplo 18-1: Vectores

Calcular la resta de los vectores.

$$\boldsymbol{a} = \langle 3,4,-8 \rangle; \quad \boldsymbol{b} = \langle 6,1,4 \rangle$$

El método de sumar o restar un vector es la siguiente,

$$\rightarrow \boldsymbol{a} = \langle a_1, a_2 \rangle; \boldsymbol{b} = \langle b_1, b_2 \rangle$$

$$\boldsymbol{a} \pm \boldsymbol{b} = \langle a_1 \pm b_1, a_2 \pm b_2 \rangle$$

Resolviendo el problema,

$$\rightarrow \boldsymbol{a} - \boldsymbol{b} = \langle 3 - 6, 4 - 1, -8 - 4 \rangle$$

$$\langle -3, 3, -12 \rangle$$

Ejemplo 18-2: Vectores

Calcular la magnitud del vector.

$$\boldsymbol{a} = 2\boldsymbol{i} + \boldsymbol{j} + 2\boldsymbol{k}$$

La fórmula para calcular la magnitud del vector en dos dimensiones es la siguiente,

$$|\boldsymbol{a}| = \sqrt{(a_1)^2 + (a_2)^2}$$

Por lo tanto,

$$\rightarrow |\boldsymbol{a}| = \sqrt{(2)^2 + (1)^2 + (2)^2}$$

$$|\boldsymbol{a}| = 3$$

Ejemplo 18-3: Vectores

Determinar el vector de los puntos $P(6,1,0), Q(12,4,-1)$

La fórmula para calcular el vector de los puntos es la siguiente:

$$\rightarrow A(x_1, y_1, z_1), B(x_2, y_2, z_2)$$

$$\boldsymbol{a} = \langle x_2 - x_1, y_2 - y_1, z_2 - z_1 \rangle$$

Aplicando la fórmula,

$$\rightarrow \boldsymbol{a} = \langle 12 - 6, 4 - 1, -1 - 0 \rangle$$

$$\boldsymbol{a} = \langle 6,3,-1 \rangle$$

Ejemplo 18-4: Vectores

Calcular el vector unitario

$$\boldsymbol{a} = 4\boldsymbol{i} - 5\boldsymbol{j} + 2\boldsymbol{k}$$

La fórmula para calcular el vector unitario es $\boldsymbol{u} = \frac{\boldsymbol{a}}{|\boldsymbol{a}|}$. En donde $|\boldsymbol{a}| = \sqrt{(a_1)^2 + (a_2)^2 + (a_3)^2}$.

Se empieza calculando la magnitud del vector.

$$\rightarrow |\boldsymbol{a}| = \sqrt{(4)^2 + (-5)^2 + (2)^2}$$

$$3\sqrt{5}$$

Ahora calculando el vector unitario,

$$\boldsymbol{u} = \frac{4\boldsymbol{i}}{3\sqrt{5}} - \frac{5\boldsymbol{j}}{3\sqrt{5}} + \frac{2\boldsymbol{k}}{3\sqrt{5}}$$

Ejemplo 18-5: Vectores

Calcular la magnitud $|3\boldsymbol{a}-\boldsymbol{b}|$ en donde $\boldsymbol{a}=\langle 1,-2{,}0\rangle$ y $\boldsymbol{b}=\langle 9{,}12{,}3\rangle$

Si existe una constante delante del vector, entonces se multiplica el vector por dicha constante. En este caso, se multiplica el 3 por el vector $\boldsymbol{a}$.

$$\rightarrow 3\boldsymbol{a}=3\langle 1,-2{,}0\rangle$$

$$3\boldsymbol{a}=\langle 3,-6{,}0\rangle$$

Ahora se realiza la resta $3\boldsymbol{a}-\boldsymbol{b}$.

$$\rightarrow 3\boldsymbol{a}-\boldsymbol{b}=\langle 3-9,-6-12{,}0-3\rangle$$

$$\langle -6,-18,-3\rangle$$

Calculando la magnitud,

$$\rightarrow |3\boldsymbol{a}-\boldsymbol{b}|=\sqrt{(-6)^2+(-18)^2+(-3)^2}$$

$$3\sqrt{41}$$

Ejercicios

Calcular el vector unitario.

1. $5\boldsymbol{i}-3\boldsymbol{j}$

2. $3\boldsymbol{j}-9\boldsymbol{k}$

3. $\boldsymbol{i}-2\boldsymbol{j}+\boldsymbol{k}$

Calcular la magnitud del vector.

4. $5\boldsymbol{i}+8\boldsymbol{j}-10\boldsymbol{k}$

5. $\boldsymbol{a}=2\left\langle\frac{1}{2},6,-2\right\rangle$

6. $\left|2\boldsymbol{a}-\frac{1}{2}\boldsymbol{b}\right|;\ \boldsymbol{a}=\langle 4{,}2,-1\rangle;\boldsymbol{b}=\left\langle\frac{2}{3},-4{,}8\right\rangle$

Resolver los problemas utilizando los siguientes criterios,

$\boldsymbol{a} = 20\boldsymbol{i} - 9\boldsymbol{j} + 5\boldsymbol{k};\ \ \boldsymbol{b} = 25\boldsymbol{j} - 7\boldsymbol{k};\ \ \ \boldsymbol{c} = 4\boldsymbol{i} + 13\boldsymbol{j} - 6\boldsymbol{k}$

7. $2\boldsymbol{c} - 3\boldsymbol{b}$

8. $\boldsymbol{a} + \boldsymbol{c}$

9. $|\boldsymbol{c}| - |\boldsymbol{b}|$

10. $\boldsymbol{a} + 4\boldsymbol{c}$

Resultados

1. $\frac{1}{\sqrt{34}}(5\boldsymbol{i} - 3\boldsymbol{j})$

2. $\frac{1}{\sqrt{10}}(\boldsymbol{j} - 3\boldsymbol{k})$

3. $\frac{1}{\sqrt{6}}(\boldsymbol{i} - 2\boldsymbol{j} + \boldsymbol{k})$

4. $\sqrt{189}$

5. $\sqrt{161}$

6. $\frac{\sqrt{1{,}177}}{3}$

7. $8\boldsymbol{i} - 49\boldsymbol{j} + 9\boldsymbol{k}$

8. $24\boldsymbol{i} + 4\boldsymbol{j} - \boldsymbol{k}$

9. $\sqrt{221} - \sqrt{674}$

10. $36\boldsymbol{i} + 43\boldsymbol{j} - 19\boldsymbol{k}$

19. PRODUCTO PUNTO

El producto punto también es conocido como producto escalar ya que el resultado es un número y no un vector. El método para calcular el producto escalar es la siguiente:

$$\boldsymbol{a} = \langle a_1, a_2, a_3 \rangle; \boldsymbol{b} = \langle b_1, b_2, b_3 \rangle$$

$$\boldsymbol{a} \cdot \boldsymbol{b} = a_1 b_1 + a_2 b_2 + a_3 b_3$$

Algunas propiedades del producto punto son:

1. $\boldsymbol{a} \cdot \boldsymbol{b} = \boldsymbol{b} \cdot \boldsymbol{a}$
2. $\boldsymbol{a} \cdot (\boldsymbol{b} + \boldsymbol{c}) = \boldsymbol{a} \cdot \boldsymbol{b} + \boldsymbol{a} \cdot \boldsymbol{c}$
3. $(c\boldsymbol{a}) \cdot \boldsymbol{b} = c(\boldsymbol{a} \cdot \boldsymbol{b}) = \boldsymbol{a} \cdot (c\boldsymbol{b})$

Se utiliza la siguiente fórmula para calcular el ángulo entre dos vectores que salen del mismo punto y en distinta dirección.

$$\cos(\theta) = \frac{\boldsymbol{a} \cdot \boldsymbol{b}}{|\boldsymbol{a}||\boldsymbol{b}|}$$

$$\theta = \cos^{-1}\left(\frac{\boldsymbol{a} \cdot \boldsymbol{b}}{|\boldsymbol{a}||\boldsymbol{b}|}\right)$$

Con la fórmula se puede determinar si los vectores están orientados de manera ortogonal o perpendicular entre sí. Cuando el producto punto resulta ser cero entonces se dice que los vectores están orientados de manera ortogonal. Lo que indica que el ángulo entre los vectores es equivalente a 90°.

Ejemplo 19-1: Producto Punto

Calcular $\boldsymbol{a} \cdot \boldsymbol{b}$ donde $\boldsymbol{a} = 5\boldsymbol{i} - 3\boldsymbol{j} + 8\boldsymbol{k}$ y $\boldsymbol{b} = -6\boldsymbol{i} + 12\boldsymbol{j} + 9\boldsymbol{k}$.

Utilizando la fórmula de producto escalar,

$$\rightarrow \boldsymbol{a} \cdot \boldsymbol{b} = a_1 b_1 + a_2 b_2 + a_3 b_3$$

$$\rightarrow \boldsymbol{a} \cdot \boldsymbol{b} = (5)(-6) + (-3)(12) + (8)(9)$$

$$\boldsymbol{a} \cdot \boldsymbol{b} = 6$$

Ejemplo 19-2: Producto Punto

Calcular el producto punto dado $|\boldsymbol{a}| = 8, |\boldsymbol{b}| = 25$ y el ángulo entre el vector $\boldsymbol{a}$ y $\boldsymbol{b}$ es $\frac{\pi}{3}$.

Se utiliza la fórmula $\cos(\theta) = \frac{\boldsymbol{a}\cdot\boldsymbol{b}}{|\boldsymbol{a}||\boldsymbol{b}|}$ debido a que se conoce la magnitud de ambos vectores y el ángulo entre ellos. Ahora se despeja para $\boldsymbol{a} \cdot \boldsymbol{b}$,

$$\rightarrow \boldsymbol{a} \cdot \boldsymbol{b} = |\boldsymbol{a}||\boldsymbol{b}|\cos(\theta)$$

$$\rightarrow \boldsymbol{a} \cdot \boldsymbol{b} = (8)(25)\cos\left(\frac{\pi}{3}\right)$$

$$\boldsymbol{a} \cdot \boldsymbol{b} = 100$$

Ejemplo 19-3: Producto Punto

Calcular el ángulo de entre ambos vectores.

$$\boldsymbol{a} = \langle 3,4,-1\rangle; \boldsymbol{b} = \langle -2,0,1\rangle$$

Se empieza calculando el producto punto.

$$\rightarrow \boldsymbol{a} \cdot \boldsymbol{b} = (3)(-2) + (4)(0) + (-1)(1)$$

$$\boldsymbol{a} \cdot \boldsymbol{b} = -7$$

Ahora se calcula la magnitud de cada vector.

$$\rightarrow |\boldsymbol{a}| = \sqrt{(3)^2 + (4)^2 + (-1)^2}$$

$$\rightarrow |\boldsymbol{a}| = \sqrt{26}$$

$$\rightarrow |\boldsymbol{b}| = \sqrt{(-2)^2 + (0)^2 + (1)^2}$$

$$|\boldsymbol{b}| = \sqrt{5}$$

Finalmente se calcula el ángulo,

$$\rightarrow \theta = \cos^{-1}\left[\frac{-7}{(\sqrt{5})(\sqrt{26})}\right]$$

$$\theta = 127.9°$$

Ejemplo 19-6: Producto Punto

Calcular la proyección escalar y vectorial de $\boldsymbol{b} = \langle 7, -2{,}5\rangle$ sobre $\boldsymbol{a} = \langle 4{,}6{,}3\rangle$.

Se utiliza la siguiente fórmula para resolver el problema:

$$comp_{\boldsymbol{a}}\boldsymbol{b} = \frac{\boldsymbol{a}\cdot\boldsymbol{b}}{|\boldsymbol{a}|}$$

$$proj_{\boldsymbol{a}}\boldsymbol{b} = \left(\frac{\boldsymbol{a}\cdot\boldsymbol{b}}{|\boldsymbol{a}|^2}\right)\boldsymbol{a}$$

La primera fórmula calcula la proyección escalar de $\boldsymbol{b}$ sobre $\boldsymbol{a}$. Por lo que indica que el resultado es un número. En cambio, la segunda fórmula calcula la proyección vectorial de $\boldsymbol{b}$ sobre $\boldsymbol{a}$ y el resultado es un vector.

Calculando la proyección escalar,

$$\rightarrow comp_{\boldsymbol{a}}\boldsymbol{b} = \frac{\underbrace{[(7)(4) + (-2)(6) + (5)(3)]}_{\boldsymbol{a}\cdot\boldsymbol{b}}}{\underbrace{\sqrt{(4)^2 + (6)^2 + (-3)^2}}_{|\boldsymbol{a}|}}$$

$$comp_{\boldsymbol{a}}\boldsymbol{b} = \frac{31}{\sqrt{61}}$$

Calculando la proyección vectorial,

$$proj_{\boldsymbol{a}}\boldsymbol{b} = \left\{\frac{[(7)(4) + (-2)(6) + (5)(3)]}{\left[\sqrt{(4)^2 + (6)^2 + (-3)^2}\right]^2}\right\}\langle 4{,}6{,}3\rangle = \frac{31}{61}\langle 4{,}6{,}3\rangle$$

Ejercicios

Calcular:

I. Producto Punto
II. El ángulo entre los vectores
III. La proyección escalar de $\boldsymbol{b}$ sobre $\boldsymbol{a}$.
IV. La proyección vectorial de $\boldsymbol{b}$ sobre $\boldsymbol{a}$.

1. $\boldsymbol{a} = \langle 0, -3,5 \rangle$; $\boldsymbol{b} = \langle 12,4, -5 \rangle$

2. $\boldsymbol{a} = 4\boldsymbol{i} - 8\boldsymbol{j}$; $\boldsymbol{b} = \boldsymbol{i} + 5\boldsymbol{j}$

3. $\boldsymbol{a} = \langle 9,3,1 \rangle$; $\boldsymbol{b} = \langle -6,3,2 \rangle$

4. $\boldsymbol{a} = \langle 5,4,0 \rangle$; $\boldsymbol{b} = \langle \frac{2}{3}, 7, -3 \rangle$

5. $\boldsymbol{a} = \frac{3}{4}\boldsymbol{i} - 25\boldsymbol{j} + 3\boldsymbol{k}$; $\boldsymbol{b} = -2\boldsymbol{i} + \frac{1}{5}\boldsymbol{j} + 9\boldsymbol{k}$

6. $\boldsymbol{a} = 4\boldsymbol{j}$; $\boldsymbol{b} = 5\boldsymbol{j} + 7\boldsymbol{k}$

7. $\boldsymbol{a} = \langle 8,2,9 \rangle$; $\boldsymbol{b} = \langle 9,2,8 \rangle$

8. $\boldsymbol{a} = \langle \sqrt{3}, 4,7 \rangle$; $\boldsymbol{b} = \langle \sqrt{9}, -1,0 \rangle$

Respuestas

I.

1. -37
2. -36
3. -43
4. $\frac{94}{3}$
5. $\frac{41}{2}$
6. 27
7. 148
8. $3\sqrt{3}-4$

II.

1. $118°$
2. $142°$
3. $130°$
4. $50°$
5. $85°$
6. $38°$
7. $7°$
8. $87°$

III.

1. $-\frac{37}{\sqrt{34}}$
2. $-\frac{9}{\sqrt{5}}$
3. $-\frac{43}{\sqrt{91}}$
4. $\frac{94}{3\sqrt{41}}$
5. $\frac{82}{\sqrt{10{,}153}}$
6. $\frac{27}{4}$
7. $\frac{148}{\sqrt{149}}$
8. $\frac{3\sqrt{3}-4}{2\sqrt{17}}$

IV.

1. $-\frac{37}{34}\langle 0,-3,5\rangle$
2. $-\frac{9}{20}\langle 4,-8\rangle$
3. $-\frac{43}{91}\langle 9,3,1\rangle$
4. $\frac{94}{123}\langle 5,4,0\rangle$
5. $\frac{328}{10{,}153}\langle \frac{3}{4},-25,3\rangle$
6. $\frac{27}{16}\langle 0,4,0\rangle$
7. $\frac{148}{149}\langle 8,2,9\rangle$
8. $\frac{3\sqrt{3}-4}{68}\langle \sqrt{3},4,7\rangle$

20. PRODUCTO CRUZ

El producto cruz es también conocido como el producto vectorial. Es fundamental que se tenga el conocimiento de cómo calcular el determinante de una matriz.

$$\rightarrow \boldsymbol{a} = \langle a_1, a_2 a_3 \rangle; \boldsymbol{b} = \langle b_1, b_2 b_3 \rangle$$

$$\boldsymbol{a} \times \boldsymbol{b} = \begin{vmatrix} \boldsymbol{i} & \boldsymbol{j} & \boldsymbol{k} \\ a_1 & a_2 & a_3 \\ b_1 & b_2 & b_3 \end{vmatrix} = \begin{vmatrix} a_2 & a_3 \\ b_2 & b_3 \end{vmatrix} \boldsymbol{i} - \begin{vmatrix} a_1 & a_3 \\ b_1 & b_3 \end{vmatrix} \boldsymbol{j} + \begin{vmatrix} a_1 & a_2 \\ b_1 & b_2 \end{vmatrix}$$

Ejemplo 20-1: Producto Cruz

Calcular el producto cruz.

$$\boldsymbol{a} = 7\boldsymbol{i} + 3\boldsymbol{j} - 4\boldsymbol{k};\ \boldsymbol{b} = -\boldsymbol{i} + 5\boldsymbol{j} - 8\boldsymbol{k}$$

Se deja expresado el problema en forma de $\boldsymbol{a} \times \boldsymbol{b} = \begin{vmatrix} \boldsymbol{i} & \boldsymbol{j} & \boldsymbol{k} \\ a_1 & a_2 & a_3 \\ b_1 & b_2 & b_3 \end{vmatrix}$.

$$\boldsymbol{a} \times \boldsymbol{b} = \begin{vmatrix} \boldsymbol{i} & \boldsymbol{j} & \boldsymbol{k} \\ 7 & 3 & -4 \\ -1 & 5 & -8 \end{vmatrix}$$

Ahora se procede a calcular el determinante,

$$\boldsymbol{a} \times \boldsymbol{b} = \begin{vmatrix} 3 & -4 \\ 5 & -8 \end{vmatrix} \boldsymbol{i} - \begin{vmatrix} 7 & -4 \\ -1 & -8 \end{vmatrix} \boldsymbol{j} + \begin{vmatrix} 7 & 3 \\ -1 & 5 \end{vmatrix} \boldsymbol{k}$$

$$\boldsymbol{a} \times \boldsymbol{b} = (-24 + 20)\boldsymbol{i} - (-56 - 4)\boldsymbol{j} + (35 + 3)\boldsymbol{k}$$

$$\boldsymbol{a} \times \boldsymbol{b} = -4\boldsymbol{i} + 60\boldsymbol{j} + 38\boldsymbol{k}$$

Ejemplo 20-2: Producto Cruz

Calcular el producto cruz.

$$\boldsymbol{a} = \langle 0, -2, 5\rangle;\ \boldsymbol{b} = \langle 12,6,-4\rangle$$

Calculando el determinante,

$$\boldsymbol{a} \times \boldsymbol{b} = \begin{vmatrix} \boldsymbol{i} & \boldsymbol{j} & \boldsymbol{k} \\ 0 & -2 & 5 \\ 12 & 6 & -4 \end{vmatrix}$$

$$\boldsymbol{a} \times \boldsymbol{b} = \begin{vmatrix} -2 & 5 \\ 6 & -4 \end{vmatrix}\boldsymbol{i} - \begin{vmatrix} 0 & 5 \\ 12 & -4 \end{vmatrix}\boldsymbol{j} + \begin{vmatrix} 0 & -2 \\ 12 & 6 \end{vmatrix}\boldsymbol{k}$$

$$\boldsymbol{a} \times \boldsymbol{b} = (20 - 30)\boldsymbol{i} - (0 - 60)\boldsymbol{j} + (0 + 24)\boldsymbol{k}$$

$$\boldsymbol{a} \times \boldsymbol{b} = -10\boldsymbol{i} + 60\boldsymbol{j} + 24\boldsymbol{k}$$

Ejercicios

1. $\boldsymbol{a} = 21\boldsymbol{i} + 4\boldsymbol{k}; \boldsymbol{b} = -\boldsymbol{i} + 25\boldsymbol{j} - 2\boldsymbol{k}$
2. $\boldsymbol{a} = \langle 8,3,5\rangle; \boldsymbol{b} = \langle -1,3,2\rangle$
3. $\boldsymbol{a} = \langle 0,6,-2\rangle; \boldsymbol{b} = \langle 4,9,-\frac{1}{2}\rangle$
4. $\boldsymbol{a} = -9\boldsymbol{i} - 4\boldsymbol{j} + \boldsymbol{k}; \boldsymbol{b} = 15\boldsymbol{i} + 3\boldsymbol{j}$
5. $\boldsymbol{a} = 3\boldsymbol{i} + 6\boldsymbol{j} + 12\boldsymbol{k}; \boldsymbol{b} = \frac{1}{5}\boldsymbol{i} - \boldsymbol{j} + \boldsymbol{k}$
6. $\boldsymbol{a} = \langle -3,2,1\rangle; \boldsymbol{b} = \langle 1,2,3\rangle$
7. $\boldsymbol{a} = \langle 1,4,2\rangle; \boldsymbol{b} = \langle 12,4,-3\rangle$
8. $\boldsymbol{a} = 6\boldsymbol{i} + 8\boldsymbol{j} + 11\boldsymbol{k}; \boldsymbol{b} = 7\boldsymbol{i} - 14\boldsymbol{j} + 21\boldsymbol{k}$
9. $\boldsymbol{a} = \langle \frac{1}{2}, 6,0\rangle; \boldsymbol{b} = \langle 14,8,2\rangle$
10. $\boldsymbol{a} = \frac{4}{9}\boldsymbol{i} - \frac{1}{2}\boldsymbol{j} + \frac{5}{3}\boldsymbol{k}; \boldsymbol{b} = \frac{3}{2}\boldsymbol{i} + \frac{2}{5}\boldsymbol{j} - \frac{7}{4}\boldsymbol{k}$

Respuestas

1. $-100\boldsymbol{i} + 38\boldsymbol{j} + 525\boldsymbol{k}$
2. $-9\boldsymbol{i} - 21\boldsymbol{j} + 27\boldsymbol{k}$
3. $15\boldsymbol{i} - 8\boldsymbol{j} - 24\boldsymbol{k}$
4. $-3\boldsymbol{i} + 15\boldsymbol{j} + 33\boldsymbol{k}$
5. $18\boldsymbol{i} - \frac{3}{5}\boldsymbol{j} - \frac{21}{5}\boldsymbol{k}$
6. $4\boldsymbol{i} + 10\boldsymbol{j} - 8\boldsymbol{k}$
7. $-20\boldsymbol{i} + 27\boldsymbol{j} - 44\boldsymbol{k}$
8. $322\boldsymbol{i} - 49\boldsymbol{j} - 140\boldsymbol{k}$
9. $12\boldsymbol{i} - \boldsymbol{j} - 80\boldsymbol{k}$
10. $\frac{5}{24}\boldsymbol{i} + \frac{59}{18}\boldsymbol{j} + \frac{167}{180}\boldsymbol{k}$

REFERENCIA

Stewart, James. Calculus: Early Transcendentals. 7th . Cengage Learning, 2010

Made in the USA
Columbia, SC
02 January 2023

75393034R00063